예수님을 아는 지식

예수님을 아는 지식

1판 1쇄 인쇄 2023년 6월 5일
1판 1쇄 발행 2023년 6월 10일

지은이 김서택
발행인 한동인
펴낸곳 (주)씨뿌리는사람

등록번호 제2006-4호
주 소 경기도 이천시 경충대로 2096-4
(서울사무소) T. 741-5181, 4 F. 744-1634

책값은 뒤표지에 있습니다.

ISBN 978-89-90342-62-1

Web www.kclp.co.kr

"천국은 마치 사람이 자기 밭에 갖다 심은 겨자씨 한 알 같으니
이는 모든 씨보다 작은 것이로되 자란 후에는 나물보다 커서 나무가 되매
공중의 새들이 와서 그 가지에 깃들이느니라"(마 13:31-32)

공급처 기독교문사 도매부 T. 741-5181~3 F. 762-2234

예수님을 아는 지식

김서택

씨뿌리는 사람

프롤로그

Prologue

골로새는 지금의 튀르키예(터키) 중부에 있는 도시입니다. 아마도 중국으로 가는 실크로드(Silk road)의 중요한 도시였다고 생각됩니다. 복음은 이곳까지 열정적인 전도자들에 의해 전해지게 되었습니다. 골로새 교회는 사도 바울이 직접 전도해서 세운 교회가 아니었습니다. 그러나 여기에 이단의 교리가 들어와서 극성을 부렸는데, 그들은 골로새 교인들의 신앙의 뿌리가 되는 예수님의 신성을 부정하고 여러 가지 잡탕 신앙을 만들려고 했습니다.

골로새서는 예수님이 과연 누구신가 하는 문제를 깊이 있게 설명해주고 있습니다. 우리가 예수님을 바로 알아야 하나님을 알 수 있고, 구원을 얻을 수 있습니다.

언제나 부족한 저의 설교집을 항상 기꺼이 출판하여 말씀을 많은 독자와 나눌 수 있게 해주시는 한동인 사장님과 편집부 가족들에게 감사드립니다.

그리고 늘 저의 설교를 경청하고 은혜를 받으심으로 말씀의 동역자 되시는 대구동부교회 교인들에게 감사드립니다. 그리고 오랜 기도 끝에 귀한 배필을 만난 딸 시현이와 사위 에런에게 감사드립니다.

대구 수성교 옆에서

김서택 목사

차 례

Contents

프롤로그		05
01 새로운 인생	ㅣ 골 1:1-5	09
02 하나님의 기업	ㅣ 골 1:6-12	21
03 우주의 비밀	ㅣ 골 1:13-17	31
04 교회의 머리	ㅣ 골 1:18-23	43
05 하나님의 비밀	ㅣ 골 1:24-29	54
06 숨은 보배	ㅣ 골 2:1-7	65
07 그리스도인과 세상	ㅣ 골 2:8-12	76

08	십자가의 능력	I 골 2:12-15	86
09	골로새의 이단들	I 골 2:16-23	97
10	위를 보라	I 골 3:1-5	105
11	위를 보는 사람의 특징	I 골 3:5-11	114
12	천사보다 나은 사람	I 골 3:12-15	123
13	변화된 생활	I 골 3:16-25	132
14	늘 깨어 기도하라	I 골 4:1-18	143

01
새로운 인생

골 1:1-5

음악 중에 처음에는 평범하게 시작하지만 조금 지나면 본 멜로디가 나오고 구성이 엄청나게 거창해지면서 듣는 이에게 감동을 주는 노래들이 있습니다. 바울이 보낸 서신 중에도 그런 것이 있습니다. 처음에는 다른 서신들과 별다를 것 없이 평범하게 시작되지만 곧바로 예수 그리스도에 대한 지식이 엄청나게 쏟아지는 서신이 있습니다. 그런 서신 중의 하나가 바로 골로새서입니다.

만약 어떤 사람이 많은 지식을 가지고 있다면 그를 매우 부러워할 것입니다. 철학이나 역사도 많이 알고 있고 문학에도 조예가 깊다면 그 엄청난 지식에 사람들은 입을 다물지 못할 것입니다. 우리나라에 어떤 학자들은 얼마나 아는 것이 많은지 인터뷰할 때 기자들이 말할 시간도 주지 않고 혼자서 한 시간 정도는 가뿐하게 떠들어대는 분들이 있습니다. 거기에 비해서 어떤 동양학을 전공하신 유명인사는 많은 사람이 사이비 학자라고 평가하고 있습니다. 그는 너무 오만할 뿐만 아니라 강의를 통하여 기독교를 자주 비판하고 욕하는 것으로 인기를 끌고 있는 것을 볼 수 있습니다.

그러나 사도 바울은 이 모든 지식은 배설물과 같아서 다 버리고 오직 예수 그리스도를 아는 지식이야말로 가장 고상하다고 강조하고 있습니다. 이런 세상 지식은 자기의 유식함을 자랑할 수 있지만 막상 자기 자신을 찾게 하지 못하고 구원에 이르게 하지 못하기 때문입니다. 그러나 예수 그리스도를 아는 지식은 마치 바다에 빠져서 침몰하고 있는 사람에게 비추는 구조 헬기의 조명과 같습니다. 이 빛이 우리에게 비치면 우리는 그 멸망의 자리에서 틀림없이 살아나게 됩니다. 요즘 공부를 많이 한 사람들 중에서 인격적으로 파탄에 빠지거나 혹은 우울증으로 자살하는 사람들이 많이 있습니다. 그 이유는 그 모든 지식이 어둠의 지식이지 그를 구원하는 지식이 되지 못하기 때문입니다.

골로새서는 너무나도 평범하게 시작하고 있습니다. 사도 바울은 하나님의 뜻에 따라 골로새에 있는 성도들에게 편지한다고 말하고는, 기도할 때마다 골로새 교인들로 인하여 하나님께 감사하고 또 그들을 위하여 이런이런 기도를 하고 있다고 밝히고 있습니다. 그런데 사도 바울이 골로새 교회를 위하여 기도한다는 부분부터 다른 어느 곳에서도 찾아볼 수 없는 위대한 그리스도에 대한 지식이 쏟아져 나오고 있습니다. 이 점이 바로 골로새서가 사도 바울의 다른 서신들에 비하여 특이한 점입니다.

1. 골로새에 세워진 교회

만약 우리가 예수를 믿지 않았더라면 지금 우리는 어떤 사람이 되어 있을까요? 아마 남자들 중에는 술고래가 되어 자주 술을 마시거나, 담배가 손에서 떨어지지 않을 정도로 골초가 되어 있는 분들도 많이 있을 것입니다. 그리고 그저 돈만 모으기 위해서 굉장히 이기적으로 살고 있을 분들도 많이 있을 것입니다. 또 여자들도 남편에게 더 자기에게 잘해 달라고 잔소리를 퍼붓거나, 아니면 아이들에게 공부를 더 잘하라고 닦달하면서 살고 있을지도 모릅니다. 한때 우리나라 프로 배구계를 떠들썩하게 만들었던 국가대표 쌍둥이 선수의 소동도, 그리고 우리나라 최고 대학의 교수가 자녀의 입학을 위하여 부정한 서류를 작성하고 궤변을 쏟아낸 것도 모두 예수를 믿었더라면 그렇게는 되지 않았을 부당 행위일 것입니다.

골로새는 지금 튀르키예(터키)의 내륙 지방에 있는 도시입니다. 이 도시와 아주 가까운 도시로는 히에라폴리스와 라오디게아가 있습니다. 히에라폴리스는 지금도 솟아나는 온천수로 유명합니다. 그냥 보면 하얀 눈이 덮인 계곡에서 사람들이 수영복을 입고 수영하는 것 같은데, 실제로 그 하얗게 보이는 눈은 온천에서 흘러나온 유황입니다. 그리고 이 온천수는 라오디게아를 향해서 흘러갑니다. 반대로 골로새에서는 아주 차가운 물이 나와 시내가 되어서 라오디게아로 흘러가는데 이 두 시내가 라오디게아에서 만나게 됩니다. 이 뜨거운 온천수와 차가운 시냇물이 라오디게아에서 만나서 미지근한 물이 됩니다. 그래서 요한계시록에서 라오디게아 교회를 향해서 "네가 이같이 미지근하여 뜨겁지도 아니하고 차지도 아니하니 내 입에서 너를 토하여 버리리라"(계 3:16)고 말씀하셨습니다.

골로새 교회는 사도 바울이 직접 가서 전도하여 세운 교회가 아니었습니다. 사도 바울은 에베소에서 한창 부흥이 일어날 때 그곳의 학원이었던 두란노서원을 빌려서 점심시간을 이용해 2년 동안 열심히 성경을 가르쳤습니다. 그랬더니 그때 사도 바울의 설교를 듣고 은혜받았던 사람들이 모두 지역 내부로 들어가서 전도했는데 그때 전도의 불길이 얼마나 들불같이 퍼졌는지 소아시아에는 동네마다 기독교인들이 많이 있었고 또 도시마다 교회가 있을 정도였습니다. 우리나라도 조선 땅에 처음 선교사들이 와서 전도할 때는 예수 믿는 사람들이 아무도 없었고 남자들은 장죽으로 담배를 피우고 머리에는 상투를 매고 글을 알지 못하는 사람들이 수두룩했습니다. 그리고 여자들도 아이들을 뒤로 업고 다니고 시냇가에서 빨래하며 힘든 살림을 했고, 아이들은 교육을 제대로 받지 못했고 서당에 다니든지 아니면 집에서나 길에서 뛰어놀고 있었습니다. 게다가 미신이 심했고 조상 숭배 사상이 심했습니다. 그러나 일단 한번 복음이 전해지니까 그 사람들이 진실한 교인들이 되었습니다. 그래서 부흥이 일어나기 시작했고 여인들은 남편에게 맞아가면서도 교회를 찾아왔습니다. 그리고 아이들은 교회에 와서 목이 터지라고 찬송 부르고 성경 말씀을 들었습니다. 그래서 그때 이후로 우리나라는 교회가 없는 동네가 없고 도시마다 십자가 네온사인으로 뒤덮일 정도가 되었습니다.

어떻게 그 내륙 지방에 있던 골로새가 번창하게 되었습니까? 그것은 바로 골로새가 교통의 요지였기 때문입니다. 골로새는 북쪽 갈라디아로 가는 길목이었고, 남쪽 갈라디아로 가는 십자로에 있었습니다. 북쪽으로 계속 가면 흑해나 지금의 러시아까지 갈 수 있었고, 서쪽으로 가면 에베소가 나오는데 거기서 로마나 그리스 여러 지방으로 무역할 수 있었습니다. 또 골로새는 옆에 있는 도시 히에라폴리스와 라오디게아와 함께 한때 번창했습니다. 아마도 이 세 도시는 당시에 유명했던 실크로드의 출발점이었던 것 같습니다. 그래서 중국에서 비단이나 종이가 이 지역으로 오고 이곳에서는 양탄자나 양모 제품 등이 중국으로 흘러 들어갔을 것입니다. 그러나 골로새 도시는 중세 시대에 지진으로 완전히 파괴되어서 그 당시의 위용을 전혀 찾을 길이 없고, 지금은 '골로새' 라는 팻말만 남아 옛날의 자취를 말해주고 있습니다.

사도 바울이 골로새 교회에 편지를 쓰게 된 동기는 어떤 이상한 가르침을 가르치는 자들 때문이었습니다. 학자들은 이들을 '영지주의자' 라고 하는데, 쉽게 말하면 '잡탕' 신학을 가진 자라고 하면 이해하기 편할 것입니다. 즉 이들은 유대교나 그리스 철학이나 기독교에서 아무것이나 뽑아내서 자기들 나름대로 기독교의 교훈이라고 하면서 사람들에게 가르쳤던 것입니다. 이들은 예수 믿는 사람들도 할례를 받아야 한다고 가르치고, 또 천사를 숭배해야 한다고 가르치고, 금욕적인 생활을 주장해서 결혼도 하지 말라고 가르치기도 했습니다. 그리고 가장 중요한 것은 그들이 예수 그리스도의 신성을 부정하고 그의 십자가를 부정했다는 것입니다. 이것은 매우 심각한 문제였습니다.

사실 우리는 그리스도에 대하여 많은 것을 모른다고 해야 합니다. 우리는 성경에 나온 이상으로 예수 그리스도에 대하여 다 알지 못합니다. 그러나 이 이상한 교리를 주장하는 사람들은 "그리스도는 피조물 중에 먼저 난 자이기 때문에 어디까지나 피조물"이라고 하면서 결국은 인간의 지식이나 공로로 구원받아야 한다고 가르쳤던 것입니다. 인간의 이 공로 사상은 다른 종교에는 물론이고 기독교에서도 언제나 암 덩어리처럼 나타나곤 했습니다. 왜냐하면 사람들은 내가 아무것도 하지 않았는데 공짜로 구원받는다는 것은 아무리 생각해도 이해되지 않기 때문입니다. 즉 우리가 구원받는 것은 무엇인가 받을만 한 자격이나 조건이 있어서 받는다는 사상이 우리의 의식 속에는 깔려 있는 것입니다.

그 당시 골로새에 퍼지고 있는 이 이상한 가르침은 마치 소나무 재선충과 같아서 복음을 다 갉아먹어 죽일 수 있는 아주 위험한 것이었습니다. 그래서 사도 바울은 아주 강력하게 예수 그리스도는 모든 피조물보다 먼저 계신 자로서 예수님은 우리를 흑암의 권세에서 사랑하는 아들의 나라로 우리를 옮기셨다고 강조하고 있습니다. 사도 바울은 예수 그리스도를 아는 지식이 가장 고상한 지식이라고 한 바가 있는데, 골로새서는 특히 예수 그리스도의 지식에 대하여 많은 내용을 교훈하고 있습니다.

2. 하나님의 은혜

사도 바울은 먼저 골로새 교인들에게 인사하면서 자기 자신을 이렇게 소개하고 있습니다.

1:1, "하나님의 뜻으로 말미암아 그리스도 예수의 사도 된 바울과 형제 디모데는"

"하나님의 뜻으로 사도 되었다"는 것은 이 서신이 사도 바울의 개인적인 안부를 전하는 서신이 아니라 하나님의 권위를 가지고 하나님의 뜻에 따라서 이 서신을 보낸다는 뜻입니다. 복음이 골로새나 히에라폴리스나 라오디게아에 전파되고 거기에 교회가 세워지게 된 것은 참으로 하나님의 놀라운 뜻에 의하여 이루어진 것이었습니다. 바른 복음이 전파되는 곳에는 사이비 가라지가 들어오지 않는 이상 싹이 나고 꽃이 피고 열매를 맺게 되어 있습니다.

이것을 통해서 우리가 알 수 있는 것은 복음 전도는 사람이 하는 것이 아니라는 것입니다. 만일 사람이 골로새 사람들을 일일이 설득해서 예수 믿게 한다면 한 사람도 예수 믿을 사람들이 없었을 것입니다. 복음 전도는 하나님께서 택한 자들을 부르시는 것이고, 택함받은 자들이 그 부르심에 응하여 하나님을 믿고 따라오는 것입니다. 여기에는 인종의 차이도 없고 남녀나 어른이나 어린아이의 차별도 없는 것입니다.

1:2상, "골로새에 있는 성도들 곧 그리스도 안에서 신실한 형제들에게 편지하노니"

사도 바울은 "골로새에 있는 성도들"이라고 부르고 있습니다. 이

"성도"라는 말은 '성자'라는 의미입니다. 우리가 어떤 때 "저 사람은 성자야"라고 말합니까? 보통 성자라는 말을 쓸 때 우선 그 사람은 화를 낼 줄 몰라야 할 것입니다. 예를 들어서 어떤 사람이 자기에게 삿대질하면서 소리 지르고 욕해도 가만히 있고, 버스에서 누군가가 자기 발을 밟아도 가만히 있는 사람일 것입니다. 어떤 사람은 버스에서 어떤 여자가 자기 양복에 구토했는데도 화를 내지 않고 손수건으로 닦더니 아무 말 없이 버스에서 내리더라는 것입니다. 어떤 청년은 아파트에 불이 붙었는데 사람들을 깨우기 위하여 모든 층을 돌아다니면서 자고 있던 사람을 깨우다가 결국에는 자신도 연기에 질식해서 죽었다고 합니다. 그런 사람은 정말 성자일 것입니다.

그러나 골로새에 있는 기독교인들은 모두 다 보통 사람들이었습니다. 그들은 화도 내고 어떤 때는 욕도 하고 다른 사람들과 싸우기도 했을 것입니다. 그런 사람들이 어떻게 성자일 수 있겠습니까? 여기에서 "성도"는 우리의 도덕적인 수준을 말하는 것이 아니라 우리 안에 하나님의 영이 있다는 것을 말하는 것입니다. 지금은 우리가 신앙적으로 어려서 육신의 정욕이나 혈기가 더 강하지만 복음을 듣고 변하게 되었습니다. 그래서 완전히 성자가 된 것은 아니지만 하나님의 성품이 우리 안에 들어오게 되었고 하나님 자녀의 자격을 얻게 되었습니다. 그러므로 예수 믿는 사람들은 모두 성자이고 자기 욕심이나 이기심만 죽이면 성자 같은 삶을 살 수 있습니다. 나중에 몇 년 세월이 지난 후에 보면 예수 믿지 않는 사람은 변한 것이 하나 없이 옛날 상태 그대로 있지만, 예수 믿는 사람은 너무나도 많이 변화되어 있는 모습을 보게 될 것입니다.

그리고 사도 바울은 그들을 "신실한 형제"라고 불렀습니다. 여기서 "신실하다"는 것은 '거짓되지 않다'는 뜻도 되고 '하나님을 믿는 사람'의 뜻도 있습니다. 골로새 교인들은 예수를 믿고 난 후에 변하게 되었습니다. 즉 거짓말하던 사람들이 믿을 수 있는 사람이 되었고,

어려운 일이 있을 때도 하나님을 믿는 사람이 된 것입니다. 이것은 그들이 자신의 가치를 찾았고 하나님을 찾았기 때문입니다. 사람이 자신의 가치를 알지 못하면 자꾸 이 말을 했다가 저 말을 했다가 하게 됩니다. 그리고 자기 이익에 따라 왔다 갔다 하게 됩니다. 그러나 하나님을 안 후에는 거짓말하는 것이 하나님께서 가장 싫어하고 마귀의 본성이라는 것을 알게 됩니다. 그래서 하나님 백성의 특징은 믿을 수 있는 사람이 되는 것입니다. 믿을 수 있는 사람이 된다는 것은 얼마나 중요한지 모릅니다.

더욱이 그리스도인들은 어떤 어려움이 오더라도 하나님을 믿습니다. 사실 우리는 우리의 장래 일이나 어떤 어려움에 대하여 하나님을 믿기가 참 어렵습니다. 그러나 막상 하나님의 뜻 안에서 어려운 일을 막상 부딪쳐보면 이상하게 길이 열리는 것을 볼 수 있습니다. 왜냐하면 하나님은 천재 중의 천재이시기 때문입니다. 어려운 가운데서 우리가 하나님을 믿고 가만히 있는다는 것은 자살하는 사람같이 보이기 쉽습니다. 사람이 어려운 일을 당하면 몸부림이라도 쳐야지 하나님을 믿고 가만히 있기만 하면 어떻게 됩니까? 만일 하나님이 우리를 도와주시지 않으면 우리는 망하고 말 것입니다. 그러나 하나님은 천재이시기 때문에 우리가 전혀 생각하지 못했던 일을 일어나게 하십니다. 우리는 그것을 보고 하나님은 살아계시며 하나님은 정말 천재이심을 고백하게 됩니다.

1:2하, “우리 아버지 하나님으로부터 은혜와 평강이 너희에게 있을지어다”

사도 바울은 골로새 교인들에게 하나님을 “우리 아버지 하나님”이라고 말하고 있습니다. 이것은 우리 안에 엄청난 신분의 변화가 생긴 것을 의미합니다. 우리가 성자이고 성도인 이유는 하나님이 우리

아버지이시기 때문입니다. 하나님이 우리 아버지이시라면 우리는 얼마나 엄청난 복된 자리에 있게 됩니까? 하나님은 사랑하는 자녀들을 위하여 그 어떤 것이라도 아끼지 아니하실 것입니다. 그리고 우리는 하나님을 부를 때에도 마치 자녀가 자기 친아버지를 부르듯이 '아버지' 라고 하든지 '사랑하는 내 아버지' 라고 부를 것입니다.

며칠 전 밤에 아파트 앞 도로를 걷고 있는데 제 앞에 어떤 아버지와 어린 딸이 걸어가고 있었습니다. 딸은 아버지와 협상하고 있었습니다. 지금까지 그 아이의 용돈은 일주일에 500원이었는데 앞으로 천원으로 올려 달라는 것이었습니다. 딸은 아버지 손에 매달려서 하루에 용돈으로 빳빳한 새 돈으로 천원을 달라고 했습니다. 아버지는 금방 그 딸에게 넘어가서 언제부터 그렇게 주면 좋겠느냐고 물으니까 오늘부터 그렇게 달라고 했습니다.

하나님 아버지는 우리에게 언제나 "은혜와 평강"을 주십니다. 여기서 "은혜"라는 것은 하나님의 말씀이 감동과 함께 우리 마음에 임하는 것입니다. 하나님께서 우리에게 은혜를 주실 때는 우리에게 꼭 필요한 것을 주시고 또 감동을 주십니다. 그런데 이 감동이 우리에게는 어마어마한 힘이고 능력입니다. 우리는 이 세상에서 감동이 없는 삶을 살고 있습니다. 감동이 있는 삶은 정말 살맛이 나고 기쁨이 있고 새로운 힘이 생기는 삶을 말합니다. 그러나 오늘 세상은 서로 물어뜯으려고 하고 기분이 조금 나쁘면 다른 사람에게 화를 냅니다. 이런 데서는 감동이 있을 수 없습니다.

얼마 전에 어떤 할머니 사업가가 카이스트에 7백억이 넘는 돈을 장학금으로 내어놓았습니다. 그 금액은 어마어마한 것입니다. 그는 사업에 성공했는데 자식도 없으니까 과학을 공부하는 카이스트에 전 재산을 내어놓은 것입니다. 그리고 이분은 작년인가 결혼했는데 상대방이 옛날 대학 시절 서울법대 다닐 때 첫사랑이었다고 합니다. 아마 그분도 부인과 사별하고 혼자되었던 것 같습니다. 이 할머니는 멋쟁

이 할머니이고 감동이 있는 삶을 살고 있었습니다.

하나님은 우리가 이 세상에서 아름답게 살 수 있도록 공기도 주시고 물도 주시고 땅도 주시고 건강도 주시고 돈도 주시고 가족도 주시고 교회도 주셨습니다. 그리고 우리에게는 영생도 주십니다. 그래서 우리는 이 세상에서 하나님의 도우심으로 사는 사람들입니다. 그래서 우리는 하나님이 99가지를 주시고 한 가지를 안 주셨다고 해서 원망하거나 불평해서는 안 됩니다. 하지만 하나님이 우리에게 한 가지 안 주시는 것이 우리에게는 가장 중요한 것일 수 있습니다. 때로는 아이를 안 주시기도 하고, 때로는 남편을 먼저 데려가시기도 하고, 때로는 병을 주시기도 하는 것입니다. 그러나 이 모든 것이 하나님의 은혜입니다.

그리고 하나님은 우리에게 "평강"을 주십니다. 여기 이 평강은 '갈등'이나 '싸움'을 이기고 난 후의 평화를 말합니다. 우리는 이 세상에서 많은 갈등이나 스트레스나 고통을 겪습니다. 그러나 하나님은 잠시 우리로 하여금 그런 고통을 겪게 하신 후에 그 고통을 이기고 더 평화롭고 행복하게 하십니다. 그래서 예수님께서는 "이것을 너희에게 이르는 것은 너희로 내 안에서 평안을 누리게 하려 함이라 세상에서는 너희가 환난을 당하나 담대하라 내가 세상을 이기었노라"(요 16:33)라고 말씀하셨습니다.

예수님은 이 세상에서 악의 세력과 싸우는 데 있어서 전문가이십니다. 예수님은 철장을 가지고 질그릇을 깨트리듯이 악한 자들을 부수실 것입니다. 그러나 주님께서 잠시 가만히 계시는 것은 우리의 믿음을 달아보시기 위함이고, 또 악한 자들에게도 회개의 기회를 주시기 위함입니다.

3. 골로새 교인들의 열매

골로새 교인들이 얼마나 신실한 교인들이었는가 하면 대표적으로 한 사람만 들면 알 수 있습니다. 그 사람은 바로 빌레몬이었습니다. 그리고 그의 부인이나 자녀들도 모두 신실한 크리스천이었습니다.

사도 바울은 골로새 교인들을 위하여 기도할 때마다 하나님께 감사하게 된다고 했습니다. 왜냐하면 그들이 복음을 들은 후 아름다운 신앙생활을 하고 있었기 때문입니다.

> 1:3-4, "우리가 너희를 위하여 기도할 때마다 하나님 곧 우리 주 예수 그리스도의 아버지께 감사하노라 이는 그리스도 예수 안에 너희의 믿음과 모든 성도에 대한 사랑을 들었음이요"

우리가 어떤 사람을 위하여 기도할 때마다 감사할 수 있을까요? 어떤 경우에는 어떤 사람을 위하여 기도할 때마다 한숨을 쉴 때도 있을 것입니다. '어휴, 하나님, 이 사람들을 어떻게 처치하면 좋습니까?' 라고 탄식할 때도 있을 것입니다. 그러나 골로새 교인들은 처음 복음을 듣고 복음에서 한 치도 어긋나지 않고 잘 자랐습니다. 이것이 골로새 교인들의 성품이었던 것 같습니다. 그들의 믿음은 항상 똑같았습니다.

> 1:5, "너희를 위하여 하늘에 쌓아 둔 소망으로 말미암음이니 곧 너희가 전에 복음 진리의 말씀을 들은 것이라"

골로새 교인들은 소망을 이 세상에 쌓지 않고 하늘에 쌓아두었다고 했습니다. 우리는 주로 미래를 위해서 세상에 소망을 쌓아둡니다. 즉 소망을 쌓아둔다는 것은 투자하는 것을 말합니다. 사람들은 지금은 돈이 많지 않지만 앞으로 풍족한 생활을 위하여 열심히 장사하거나 돈을 법니다. 또 나는 가난하지만 내 자식 대에서는 풍족하게 살도록 자식을 위하여 돈을 모아둡니다. 그러나 예수님은 이 세상에 썩을 것을 위하여 일하지 말라고 말씀하셨습니다. 세상의 옷은 좀이 슬고 동도 녹이 슬고 금과 은은 도둑이 훔쳐가지만, 보물을 하늘에 쌓아두면 거기는 좀이나 동록이 해하지 않고 도둑이 훔쳐가지 못한다고 했습니다(마 6:19-20).

그러면 우리에게 보물을 하늘에 쌓아둔다는 것은 무슨 뜻일까요? 우리의 소망을 이 세상에 있는 것으로 하지 않는다는 것입니다. 하늘에 있는 것이 우리의 소망이 되어야 합니다. 하나님의 말씀이 우리 소망이 되어야 하고, 한 영혼을 건지기 위하여 손해 보는 것이 우리의 소망이 되어야 하고, 하나님의 나라를 위하여 박해 받고 고통당하는 것이 우리의 소망이 되어야 하는 것입니다. 우리가 이 세상에 가지고 있는 것들은 세상에 있는 동안에 써야지 천국에 가서는 아무 소용이 없는 것들입니다.

사도 바울은 그런 인생을 이 세상에서 시작하라고 했습니다. 즉 우리가 복음을 들은 그날부터 새 천국 인생이 시작되는 것입니다. 우리가 가진 것 중에서 꼭 필요한 것이 아니면 남에게 다 줘버림으로 하늘에 보물을 쌓으시기 바랍니다.

02
하나님의 기업

골 1:6-12

영어로 부동산을 'real estate' 라고 하는데, estate는 재산이라는 뜻을 가지고 있습니다. 지금은 재벌이나 부자들이 재산을 거의 주식이나 현찰로 가지고 있지만, 옛날에는 진정한 재산이라면 땅이나 집이었습니다. 그런 집이나 땅은 아버지가 돌아가시면 자식들에게 상속되었습니다. 이스라엘 백성은 이것을 '기업(inheritance)' 이라고 불렀습니다.

얼마 전까지 세계에서 가장 큰 부자는 마이크로소프트사의 빌 게이츠였습니다. 마이크로소프트사는 젊은이들이 가장 선호하는 기업 중의 하나였습니다. 그런데 얼마 전에 빌 게이츠가 이혼하는 바람에 재산은 반 토막이 나고 세계 최고의 부자는 아마존 회장 제프 베이조스가 된 것 같습니다. 또 중국에서 최고 부자는 마윈이라는 사람이었는데, 그는 몸이 너무 약하고 공부도 못해서 초등학교도 9년이나 다녔다고 합니다. 그는 대학 시험에서 두 번이나 떨어지고 경찰이 되려고 여섯 번이나 시험 쳤지만 다 떨어졌다고 합니다. 그러나 그는 유통업과 전자산업에 뛰어들었는데 대박을 터트리고 중국 최고의 부자가 되었습니다. 그런데 요즘 마윈은 시진핑이 별로 좋지 않게 생각하는 바람에 어려움을 많이 겪고 있다고 합니다.

우리 교인들은 거의 부모로부터 가난을 유산으로 물려받았을 것입니다. 그래서 저희들은 나이가 들어도 겨우 집 한 채나 아파트 한 채 가지고 살면 다행이고 연금이라든지 집세 같은 것으로 근근이 살아가고 있는 형편입니다. 그리고 자식에게 물려줄 유산도 살고 있는 집 한 채 외에는 별로 없습니다.

우리가 가지고 있는 재산이 어느 정도 된다고 생각합니까? 그리고 우리는 어느 정도의 재산을 가지고 있으면 만족할 수 있을까요? 또 어느 정도의 재산을 모으면 성공했다고 말할 수 있을까요?

예수님은 우리에게 "썩을 양식을 위하여 일하지 말고 영생하도록 있는 양식을 위하여 하라"(요 6:27)고 했습니다. 이 세상에 있는 재산은 모두 썩을 것들입니다. 그 재산을 가진 사람이 늙어가고 죽으면 자기 몸이 썩어버리기 때문입니다. 그러나 예수님께서는 우리에게는 영원히 가질 수 있는 재산이 있다고 말씀하십니다. 우리의 진정한 재산은 어디에 있는 것일까요?

사람들은 무엇인가에 굉장히 굶주려 있었습니다. 물론 어떤 사람은 출세에 굶주려 있는 사람도 있고 어떤 사람은 성공에 배고파하는 사람들도 있습니다. 그러나 모든 사람의 마음속 깊은 곳에는 하나님의 사랑에 배고파하고 하나님의 진리에 굶주려 하는 것이 있습니다. 이것이 없다면 왜 사람들이 자신들의 성공이나 출세에 도움이 되지 않는 하나님의 말씀을 마치 아기가 엄마 젖을 빨듯이 받아들이는 것을 이해하지 못할 것입니다.

우리나라는 전쟁을 겪음으로 나라 전체가 잿더미 되고 모든 국민이 가난해서 먹을 것이 없어서 굶주리고 있었는데, 기적적으로 엄청난 경제발전을 하고 신앙 부흥이 일어나면서 엄청나게 잘 사는 나라가 되었습니다. 그런데 우리나라 사람들이 아직도 깨닫지 못하고 있는 것은 여전히 우리 모두 하나님의 은혜에 굶주려 있고 하나님의 말씀에 배고파하고 있다는 사실입니다. 그래서 우리나라 사람들은 엉뚱한 데서 양식을 찾고 엉뚱한 데서 우리를 만족시킬 수 있는 은혜를 찾기 때문에 그동안 찾았던 축복까지도 무너지고 있는 형편입니다.

사도 바울은 골로새에 하나님의 말씀이 임하고 거기에 있는 많은 사람이 하나님의 은혜를 받았다는 소식을 듣게 되었습니다. 사도 바울이 골로새에 보내는 편지는 강력한 능력을 가진 하나님의 말씀이었습니다. 그래서 11절을 보면 "그의 영광의 힘을 따라 모든 능력으로 능하게 하시며"라고 강조하고 있습니다. 여기서 언급하는 "영광의 힘"이라는 것은 무엇을 말할까요? 그것은 바로 핵무기 같은 하나님의 능력을 말하는 것입니다. 이것은 그냥 우리에게 주어지는 것이 아니라 우리가 하나님의 편지를 받고 수없이 이론화하고 공식화하고 실험한 결과 주어지게 되는 것입니다.

1. 은혜를 깨달은 골로새 교인들

골로새는 지금 튀르키에 중부 내륙 지방에 있는 도시인데, 그곳에 있는 사람들은 그동안 하나님의 말씀을 들을 기회가 거의 없었습니다. 왜냐하면 예루살렘으로부터 많이 떨어져 있을 뿐 아니라 그늘은 장사해서 돈을 벌거나 부자가 되는 것에만 관심을 가지고 있었기 때문입니다. 그러나 정말 생각하지도 못했던 곳에서 부흥의 불이 일어났습니다. 그곳은 바로 에베소였습니다. 사도 바울은 에베소에 부흥이 일어난 김에 두란노라는 학교 건물을 빌려서 학교가 쉬는 시간에 2년 동안 집중적으로 하나님의 말씀을 가르쳤습니다. 그곳에서 은혜받은 사람들이 지팡이를 들거나 혹은 배낭을 매고 그동안 참 하나님을 모르고 살았던 내륙지방의 사람들을 향하여 찾아가게 되었습니다. 그중에서도 골로새를 찾아간 사람은 에바브로라는 사람이었습니다. 에바브로는 골로새에 가서 사도 바울로부터 들은 복음을 전하기 시작했습니다. 그런데 놀라운 것은 골로새 사람들이 이 에바브로가 전하는 복음을 듣고 은혜받기 시작했다는 것입니다.

> 1:6, "이 복음이 이미 너희에게 이르매 너희가 듣고 참으로 하나님의 은혜를 깨달은 날부터 너희 중에서와 같이 또한 온 천하에서도 열매를 맺어 자라는도다"

하나님의 택한 백성이 복음을 들으면 마치 물고기가 낚시에 걸린 것처럼 끌려오게 됩니다. 하나님의 백성에게 복음이 증거되면 그를 칭칭 감고 있던 모든 죄의 악습들이 끊어지게 되고 속에 박혀 있던 철심들이 빠지면서 속이 시원해지게 됩니다. 이것이 바로 은혜를 깨닫는 것입니다. 그러나 우리가 이것을 예수 믿는 것의 전부라고 생각하는 것이 문제입니다. 우리는 이날부터 우리 가운데서 그리고 온 천하에서 열매를 맺는 나무로 자라게 되는 것입니다. 은혜를 깨닫는 것은 분명히 동물적인 것인데 우리는 계속 하나님의 복음을 듣는 가운데 열매 맺는 식물로 변하게 되는 것입니다. 이것이 하나님의 복음이 가지는 놀라운 비밀입니다. 즉 우리는 복음을 듣기 전까지는 야생동물이었습니다. 들나귀와 같이 누구 말도 듣지 않고 자기 하고 싶은 대로 고집을 부리면서 돌아다녔습니다. 그러나 복음을 들은 순간부터 우리는 아무리 돌아다니려고 해도 돌아다닐 수 없습니다. 하나님의 은혜가 나를 사로잡아버렸기 때문입니다.

그러면서 우리가 계속 하나님의 말씀을 들을 때 하나님의 진액이 우리 안에 들어오면서 열매를 맺는 나무가 되어 자라게 됩니다. 여기서 열매라는 것은 무엇을 말할까요? 달콤하고 신선하고 새로운 생활을 말하는 것입니다. 그는 썩은 열매가 아닙니다. 이들은 우상 숭배하지 않고 음란하지 않고 술 마시지 않고 늘 기뻐하면서 소망을 가지고 살아가는데, 이들에게 중요한 것은 믿음이 있다는 것입니다. 그들은 어떤 어려운 일이 닥쳐도 하나님의 선한 뜻을 믿습니다. 그리고 다른 사람을 믿어줍니다. 이것이 얼마나 대단한지 모릅니다. 그리고 놀라운 것은 그들이 기도했을 때 그 기도가 이루어진다는 것이고 기적이 자꾸 일어난다는 것입니다. 즉 기적의 열매가 맺히고 기도 응답의 열매가 맺히고 새 신자의 열매가 맺힌다는 것입니다. 나중에는 물질의 열매도 맺히고 세상적으로도 성공하는 열매가 맺힙니다.

그래서 우리에게 필요한 것은 한번 복음 들은 것으로 그치는 것이 아니라 자꾸 하나님의 말씀으로 우리 속을 채우고 그것을 가지고 실험하는 것입니다.

> 1:9, "이로써 우리도 듣던 날부터 너희를 위하여 기도하기를 그치지 아니하고 구하노니 너희로 하여금 모든 신령한 지혜와 총명에 하나님의 뜻을 아는 것으로 채우게 하시고"

한번 복음을 듣고 예수 믿는 것으로 다 끝났다고 생각하면 열매가 맺히지 않거나 썩은 열매가 맺히게 됩니다. "모든 신령한 지혜와 총명"으로 채워야 합니다. 그것은 하나님의 말씀을 끊임없이 해석해서 배우고 하나님의 뜻을 찾는 연습을 하는 것입니다. 우리가 하나님의 뜻을 찾는 것은 마치 활로 과녁을 맞히는 것과 같습니다. 우리 머리로는 활을 쏘기만 화면 목표를 다 맞출 것 같지만 실제로는 화살이 목표 근처도 가지 못하고 떨어지게 됩니다. 그래서 계속 팔의 힘을 기르고 목표를 정확하게 맞추는 연습을 해야 합니다. 우리가 이 넓은 세상에서 어떻게 하는 것이 하나님의 뜻을 찾는 것일까요? 우리는 처음에 찾은 것도 아니고 두 번째 찾은 것도 아니고 수없이 생각하고 고민해도 하나님의 뜻을 못 찾는 경우가 많습니다. 그러나 중요한 것은 우리가 조금씩 하나님의 뜻에 가까이 가고 있다는 사실입니다.

2. 하나님께 합당한 생활

우리는 열매 맺는 나무에서 사람으로 변하게 됩니다. 어린아이가 처음 엄마 뱃속에서 태어나면 얼굴은 빨갛고 온몸에 쪼글쪼글하게 주름이 있고, 또 배가 고프면 빽빽 울게 됩니다. 그런 갓난아기들이 엄마나 아버지의 뜻을 알 수 있을까요? 그저 아기들은 아프지 않고 잘 자라는 것이 아버지의 뜻입니다. 그런데 그런 아기들에게 인생 최초의 위기가 찾아올 때가 있습니다. 그것은 바로 누워 있다가 뒤집기에 성공하는 것입니다. 아기들이 처음 뒤집을 때 얼마나 용을 쓰고 실패를 몇 번이나 하는지 모릅니다. 그러다가 드디어 뒤집기에 성공했을 때 부모는 너무 반가워서 손뼉을 쳐줍니다. 우리의 신앙도 이렇게 자라게 됩니다.

자녀들이 청소년이 되면 질풍노도의 시기를 지납니다. 부모에게 반항하고 성격도 과격하게 되고 고집이 아주 세어지게 됩니다. 물론 마음속으로는 부모님을 존경하지만 자기 뜻대로 무엇인가를 해보려고 합니다. 그러나 그들이 할 수 있는 것은 아무것도 없습니다. 또 더 자라서 멋을 부리고 대학교를 다니면 대단한 것 같지만 사실은 할 수 있는 것이 거의 없습니다. 무엇을 할 수 있으려고 하면 전문인이 되어야 합니다. 그러나 어른이 되었다고 해서 다 아름다운 자격을 갖춘 것은 아닙니다.

1:10, "주께 합당하게 행하여 범사에 기쁘시게 하고 모든 선한 일에 열매를 맺게 하시며 하나님을 아는 것에 자라게 하시고"

“주께 합당하게 행하여”라는 것은 어린아이면 어린아이답게, 청소년이면 청소년답게, 청년이면 청년답게 행동하는 것을 말합니다. 우리가 그 정도만 해도 하나님은 기뻐하십니다. 이때도 하나님은 우리에게 작은 열매를 맺히게 하십니다. 그러나 우리는 아직 하나님의 뜻을 알기에는 너무 멀었습니다. 그래서 “하나님을 아는 것에 자라게 하시고”라고 말씀하고 있습니다. 의사들도 의대생일 때에는 사람의 병에 대하여 거의 모릅니다. 의사고시에 합격해도 아직 배우는 단계입니다. 그러나 전문의가 되고 교수가 되고 원장이 되면 많은 환자의 병을 치료할 수 있게 됩니다.

그래서 우리가 광범위한 지식을 가지는 것도 좋지만, 성경과 현실 사이에서 하나님의 뜻을 좀 더 정확하게 아는 수준까지 자라야 합니다. 우리는 하나님의 자녀라고 해서 특별한 옷을 입지 않습니다. 즉 하나님의 왕자의 옷을 입고 다니지 않습니다. 우리는 모두 평범한 사람들이고 이 세상에서 가진 것도 별로 없습니다. 그러나 우리는 하나님으로부터 상속받을 엄청난 재산이 있습니다. 그것이 구체적으로 어떤 것이며 얼마나 될지 우리가 알 수 없습니다. 그때 우리는 아마 순간 이동을 할 수 있을 것입니다. 그리고 우리는 전 우주를 구석구석까지 탐방할 수 있을 것입니다. 그리고 그동안 하나님에 대하여 그리스도에 대하여 성령님에 대하여 너무 피상적으로 알았던 것을 명확하게 알게 될 것입니다.

그러므로 우리는 하나님의 자녀다운 모습을 하고 살아야 합니다. 너무 이 세상에서 인색해도 안 되고 집착해도 안 되고 세상의 것을 많이 차지하려고 욕심을 부려서도 안 될 것입니다. 우리는 이 세상일에 대하여 제삼자의 태도를 취할 필요가 있습니다. 왜냐하면 우리는 이 세상 사람들이 아니기 때문입니다. 우리 아버지 집에 어마어마한 보물이 있고 재산들이 있는데 굳이 이 세상에서 많은 것을 가져야 할 필요가 없습니다. 단지 우리는 당당하게 살아가면 되는 것입니다. 그리고 이 세상에서 하나님의 총명과 지혜를 가장 소중하게 생각하고, 그것을 우리 머리와 마음에 채워야 합니다.

3. 능력에 따라 행하는 교인

우리가 하나님의 뜻으로 충만해지게 될 때 우리에게는 하나님 영광의 능력이 나타나게 됩니다. 여기서 이 "영광의 능력"이라는 것은 하나님의 빛과 함께 나타나는 에너지를 말합니다. 이것은 바로 핵폭탄이 터지는 것 같은 빛과 에너지를 말하는 것입니다. 핵폭탄이 터지게 되면 그 빛을 본 사람들의 눈은 다 멀게 됩니다. 그리고 가까이 있는 사람들은 모두 재가 되어서 새카맣게 타버립니다.

우리가 하나님의 뜻을 몰라서 엄청나게 고민하고, 인생의 탈출구를 찾지 못해서 몸부림을 치지만, 하나님의 뜻에 정확하게 일치되게 되면 핵폭탄이 터지듯이 빛과 에너지가 함께 발산하게 됩니다. 그때 그 영광의 빛에 사탄은 시력을 잃어버리게 되고, 하나님의 백성은 사탄의 세력을 발로 밟아서 박살을 내게 됩니다.

엘리사는 자기를 잡으러 온 아람 군대의 눈을 다 멀게 했습니다. 그리고 자기를 따라오게 해서 사마리아 성 안으로 모두 이끌어갑니다. 아람 군대가 눈을 뜨게 되었을 때는 모두 이스라엘의 포로가 되어 있었습니다. 사도 바울은 예수 믿는 사람들을 잡으러 다메섹으로 가다가 영광된 빛 가운데 나타난 예수님을 보고는 눈이 멀어버렸습니다. 모세가 홍해를 가른 것은 영광의 힘이었습니다. 엘리야가 하늘에서 불이 떨어지게 한 것도 영광의 힘이었습니다. 히스기야가 기도해서 천사 하나가 앗수르 군대 십팔만 오천 명을 죽게 한 것도 영광의 힘이었습니다. 우리는 그 순간까지 참아야 합니다.

1:11, "그의 영광의 힘을 따라 모든 능력으로 능하게 하시며 기쁨으로 모든 견딤과 오래 참음에 이르게 하시고"

"모든 견딤과 오래 참음에 이르게 하시고." 우리는 마지막 순간까지 참아야 합니다. 천사장의 호령과 나팔 소리로 예수님이 이 땅에 오실 때 우리는 능히 이 육신을 벗어버리고 강한 모습으로 모두 뛰쳐나가게 될 것입니다.

1:12, "우리로 하여금 빛 가운데서 성도의 기업의 부분을 얻기에 합당하게 하신 아버지께 감사하게 하시기를 원하노라"

우리는 "빛 가운데서 성도의 기업"을 얻게 될 것입니다. 이 세상은 전부 하나님의 것이지만, 하나님은 특별히 성도들을 자신의 기업으로 생각하십니다. 여기서 '기업'은 가장 중요한 기업을 말합니다. 우리 성도들이 지혜와 총명으로 가득 차서 폭발적인 능력이 나타나는 것이 하나님이 우리에게 주는 가장 중요한 기업입니다. 그러나 하나님이 우리에게 주실 기업이 있습니다. 그것을 우리는 구체적으로 알 수 없습니다. 중요한 것은 이 기업이 빛 가운데 있다는 것입니다. 그리고 그것 하나하나가 어마어마하다는 것입니다. 그런데 이 모든 것이 빛으로 이루어져 있습니다.

우리는 앞으로 우리에게 주어질 기업에 대하여는 잘 알지 못합니다. 그러나 우리가 하나님의 재산을 한번 생각해보십시오. 어마어마한 우주 전체가 하나님의 것입니다. 그리고 그 안에 있는 모든 보물이 전부 다 하나님의 것입니다. 그런데 이것은 어두움의 우주이고 또 빛의 우주가 있습니다. 거기에는 영생이 있고 어마어마한 땅이 있고 성이 있고 보물이 있습니다. 거기에는 어두운 부분이 조금도 없습니다.

아브라함은 처음에 하나님이 가나안 땅을 주시겠다는 약속을 믿고 고향과 친척과 아버지의 집을 떠났습니다. 그러나 하나님은 아브라함에게 가나안 땅 한 평도 주시지 않았습니다. 그 대신 사라를 매장할 무덤 동굴 하나만 사게 하셨습니다. 그 이유는 아브라함에게는 가나안에 땅이 필요 없었기 때문입니다. 아브라함은 믿음의 눈으로 하나님이 주실 어마어마한 땅과 성을 바라보았습니다.

우리가 만일 장차 어마어마한 땅과 성과 보물을 차지하고 영생을 얻게 되는 것이 확실하다면 이 세상에서는 얼마나 가지고 있든지 큰 상관이 없을 것입니다. 그렇지 않고 이 세상에 있는 것에 집착한다면 영원한 축복을 빼앗기게 될 것입니다. 그래서 이 세상에서는 너무 재산이나 돈이 많으면 그것이 유혹이 됩니다. 왜냐하면 진짜 어마어마한 재산을 놓치게 되기 때문입니다. 우리는 살든지 죽든지 하나님 영광의 능력을 나타내는 성도들이 다 되시기 바랍니다.

03

우주의 비밀

골 1:13-17

우리는 비록 자기가 사는 집이라 하더라도 열쇠를 잃어버리면 집에 들어갈 수 없습니다. 요즘 집 열쇠는 옛날처럼 쇠로 만드는 것이 아니라 카드로 되어 있든지 숫자 키를 누르게 되어 있습니다. 그래서 이 카드를 가지고 있지 않거나 비밀번호를 기억하지 못해서 엉터리로 누르면 문이 열리지 않습니다.

우리에게는 아주 넓고 큰 하늘과 우주가 있습니다. 그런데 이 하늘에 하나님의 궁전에 들어가는 문이 있습니다. 그러나 이 문으로 들어간 사람은 많지 않습니다. 엘리야가 그 문으로 들어갔고, 예수님이 부활하신 후 그 문으로 들어갔습니다. 아마 그 문으로는 하나님의 축복이 나오고 천사들이 나오는 것 같습니다. 그리고 모든 믿는 사람들이 죽은 후에 들어가는 천국 문이 있습니다. 그러나 이 문으로 한번 들어가면 다시 나올 수 없습니다. 그런데 일반인들이 알지 못하는 또 다른 천국 문이 있습니다. 그것은 바로 성경 말씀 안에 있는 천국 문입니다. 이 문은 우리가 살아 있는 몸을 가지고 들어갔다 나왔다 할 수 있고, 살아 있는 몸으로 천국의 지혜나 능력을 받을 수 있는 문입니다.

한때 세계적으로 유명했던 우주 물리학자는 영국 캠브리지 대학의 교수로 있었던 스티븐 호킹 박사일 것입니다. 그는 21살 때 루 게릭 병이라는 진단을 받고 앞으로 2년밖에 살지 못한다는 선고를 받았지만, 그 후 55년을 더 살게 됩니다. 그가 발견했던 중요한 이론은 우주의 빅뱅 이론과 블랙홀 이론입니다. 빅뱅 이론은 우주가 만들어질 때 큰 폭발이 있었고, 그 폭발로 인하여 조각들이 떨어져 나가면서 우주가 되었다는 이론입니다. 그리고 블랙홀 이론은 우주가 다 똑같은 진공상태로 되어 있는 것이 아니라 어느 곳에는 너무 중력이 높아서 빛의 속도를 능가하는 중력 때문에 모든 것이 다 빨려 들어가고 말기 때문에 빛이나 무엇이든지 한번 빨려 들어가면 나올 수 없는 검은 공간, 즉 블랙홀이 있다는 이론입니다. 이것이 우주의 균형을 잡는 것이나 우주선을 발사하는 것에 중요한 역할을 할 것입니다.

우리는 이 세상에 살고 있지만 세상이 어떻게 만들어졌으며 어떤 원리에 의해서 유지되고 있는지 모르고 있습니다. 우리나라 어느 바닷가에는 바다를 매립해서 80층 심지어는 100층 되는 큰 건물을 지었습니다. 그래서 저는 전문가에게 땅을 매립한 곳에 저렇게 높은 고층 건물을 지으면 언젠가는 땅이 그 건물의 무게 때문에 꺼지는 것 아니냐고 물어보았습니다. 그러자 전문가들은 처음 기초공사를 할 때 땅 속에 있는 암반층까지 내려가 박기 때문에 절대 무너지지는 않는다고 대답했습니다.

얼마 전에 아이슬란드나 하와이에서 화산폭발로 마그마가 흘러내릴 때 그 불덩어리들이 흘러내리는 것을 멀리 떨어진 곳에서 볼 수 있다고 했습니다. 어떤 학자들은 일본에서 지진이 계속 일어나는 것을 보면 후지산도 언젠가는 폭발할 것이라고 경고하고 있습니다. 우리는 인간의 인체에 대해서도 모르는 것이 너무 많습니다. 사람이 당뇨병에 걸리면 모세 혈관이 막혀서 눈이 멀게 된다든지 발가락이 썩어서 절단해야 한다든지 아니면 신장이 망가져서 죽게 되는데, 인슐린의 분비 이상이 당뇨병의 원인이 된다는 것이 발견된 지 이제 100년이 된다고 합니다. 또 암이 왜 생기는지 암세포를 없애는 방법이 무엇인지 아직 잘 모르고 있습니다. 그리고 지금도 사람은 왜 이 세상에 태어나며, 과연 영혼은 무엇이며, 왜 인간은 늙어가고 죽어가는지 모르는 것투성이입니다.

우리는 이런 것에 대해서 아무것도 모르고 닥치는 대로 사는 것은 어두움이라고 하고, 그 모든 것을 알고 바른 목표를 세우고 살아가는 것을 빛이라고 말을 합니다.

1. 우주의 비밀 예수 그리스도

우리 인간에게 가장 놀라운 사실은 온 우주를 창조하시고 사람들을 만드신 하나님이 계신다는 사실입니다. 그러나 실제로 하나님은 눈에 보이지도 않고 사람들은 하나님을 만날 수도 없기 때문에 그냥 이 세상에 태어난 대로 살아가고 있습니다. 이것이 바로 어두움의 세계이고 블랙홀에 빠져서 허우적거리고 있는 것입니다. 우리 인간은 블랙홀 가운데서는 도저히 하나님을 알 수 없습니다. 우리가 하나님을 알아야 빛으로 나아갈 수 있고 인생의 모든 문제를 풀 수가 있는데, 우리의 지식으로는 아무리 빅뱅 이론과 블랙홀 이론을 주상하고, 의학적으로 인슐린이나 세로토닌 기전을 알아내어도 그 빛으로 나아갈 수 없습니다. 즉 우리가 어두움의 세계에 빠져 있으면 자기가 어떻게 생겼는지 알 수 없습니다. 왜냐하면 빛이 없기 때문입니다. 그리고 다른 사람들도 어떻게 생겼는지 알 수 없습니다. 사람을 볼 수 없기 때문입니다.

우리는 하나님의 존재도 모르는데 더 놀라운 사실이 있습니다. 그것은 바로 하나님에게 아들이 있다는 사실입니다. 하나님의 존재도 모르는데 하나님의 아들이 있다는 사실을 어떻게 믿을 수 있습니까? 사실 하나님의 아들의 존재는 우리 인간에게는 비밀 중의 비밀이었습니다. 그런데 바로 이 아들을 통해서 우리는 어두움의 세계에서 벗어나서 빛의 세계로 들어갈 수 있습니다. 즉 하나님의 아들이 빛의 세계로 들어가는 열쇠 같은 것입니다. 인간이 아무리 물리학을 공부하고 아무리 종교를 탐험해도 하나님의 아들을 통하지 않고서는 아주 희미하게 하나님이 존재할 수 있다는 정도밖에는 알지 못합니다. 그래서 많은 사람이 아예 신이 존재하지 않으며 이 모든 것은 우연히 만들어졌다고 주장하는 것입니다.

여기에서 때가 아주 중요합니다. 우주와 인류가 만들어진 후 수없이 많은 세월이 흘러갔습니다. 그 기간은 어두움뿐이었습니다. 오직 이스라엘 백성에게만 희미한 빛이 비치고 있었습니다. 여기서 희미한 빛이라는 것은 이스라엘 백성이 하나님을 분명히 알았는데 하나님의 아들에 대해서는 잘 알지 못했기 때문입니다. 그래서 전 세계 인류는 독재와 미신과 가난에 매여 있었을 뿐 아니라 이스라엘 백성도 하나님을 알았지만 여전히 율법과 죄에 매여 있었습니다. 그러나 하나님은 율법 가운데 하나님의 아들에 대한 말씀을 중간중간 섞어 놓으셨습니다. 그것을 잘 찾아서 빛으로 나간 사람이 다윗이었고 이사야였고 야곱이었고 아브라함이었습니다. 그러나 온 세상은 여전히 사망의 어두움이 덮고 있었고 흑암에 빠져 있었습니다.

그러나 하나님의 때가 되었을 때 온 우주와 세상의 비밀이신 하나님의 아들이 어린 아기로 나타나셨습니다. 온 세상의 비밀 열쇠가 어린 아기였던 것입니다. 그러나 예수님은 그냥 아기의 몸으로 이 세상에 있었던 것이 아니라 한 사람 한 사람을 어두움에서 건져서 빛의 세계로 옮기셨습니다. 즉 죄와 사망의 인질로 붙들려 있던 인간을 위하여 대가를 주고 그들을 해방시켰던 것입니다.

1:14, “그 아들 안에서 우리가 속량 곧 죄 사함을 얻었도다”

여기서 “속량”은 인질을 보상금을 주고 데려오는 것을 말합니다. 가끔 선원 중에서 해적에게 인질로 붙들리면 회사나 해적이 합의해서 돈을 보내주면 석방되어서 집으로 돌아오게 됩니다. 그 합의금을 속량이라고 할 수 있습니다. 가끔 에베레스트산에 올라갔다가 눈사태를 만나거나 얼음 계곡에 빠져서 꼼짝하지 못하는 때도 있습니다. 이들을 건지기 위하여 구조대가 출동하게 됩니다. 그러나 구조대가 전문가가 아니면 절벽이나 크레바스에 빠진 사람들을 빤히 보면서도 구조에 실패하는 경우가 많이 있습니다.

그러나 하나님의 아들 예수 그리스도는 구조의 전문가이십니다. 그는 먼저 사람들에게 하나님의 사랑의 복음을 전하게 하십니다. 하나님이 우리를 사랑하신다는 것이 복음입니다. 그리고 하나님의 아들이 우리를 대신하여 십자가에 죽으셨다는 것이 복음입니다. 이 사실만 믿으면 우리는 죄의 인질에서 빠져나오게 됩니다. 그러면 그 인질 값은 누가 내게 됩니까? 그것은 하나님의 아들이 온 우주를 만드신 것보다 더 비싼 값을 주어서 우리의 인질 값을 해결하는 것입니다. 그래서 우리가 할 수 있는 것은 딱 두 가지입니다. 하나는 하나님이 나를 사랑하신다는 것을 믿는 것이고, 다른 하나는 하나님의 아들이 나를 대신해서 십자가에 죽으셨다는 것을 믿는 것입니다. 이 두 가지만 믿으면 우리는 죄와 멸망에서 해방되게 됩니다.

여기에 참 재미있는 것이 있습니다.

1:13, “그가 우리를 흑암의 권세에서 건져내사 그의 사랑의 아들의 나라로 옮기셨으니”

어떤 곳에 어마어마한 왕의 궁전이 있다면 더럽고 때 묻은 아이들이 정문으로 그 왕궁에 들어간다는 것은 상상도 할 수 없을 것입니다. 그런데 놀라운 것은 그 왕에게 아들이 있다는 것입니다. 동네 아이들은 그 왕궁에 들어가지 못해서 밖에서 서성거리고 있는데 그 왕의 아들이 옆문으로 나와서 그 아이들에게 다 들어가자고 초청하는 것입니다. 그러면 그 초라한 아이들은 그 왕의 아들 때문에 전부 왕궁에 들어가서 모든 좋은 보물을 보고 맛있는 과자나 음식을 다 먹고 우주의 비밀이 있는 방과 인간의 운명에 대한 지식이 있는 방도 다 보고, 그 후에는 더 이상 그 왕궁에서 쫓겨나지 않고 왕의 양자가 되어서 평생 살아가게 된다는 것입니다. 그래서 왕궁에서 사는 것이 사랑의 아들의 나라에서 사는 것이고, 왕궁 밖에서 가난과 질병과 학대 가운데서 살아가는 것이 흑암의 나라에서 사는 것입니다.

그런데 하나님의 아들은 우리를 이미 흑암의 나라에서 건져내어서 빛의 나라로 들어가게 하셨다고 했습니다. 사실 그렇다고 해서 우리는 변한 것이 아무것도 없습니다. 우리는 예수를 믿고 난 후에도 여전히 가난하고 병이 있고 어려움 가운데서 살아가고 있습니다. 그런데 어떻게 해서 우리는 흑암의 나라에서 사랑의 아들의 나라로 옮겨졌다고 말할 수 있겠습니까? 그것은 바로 하나님의 말씀이 사랑이고 빛이기 때문입니다. 우리가 하나님의 말씀으로 은혜받는 순간 우리는 이미 하나님의 왕궁에 들어와 있습니다. 그래서 우리는 어떤 어려움이든지 우리가 책임을 져야 할 것은 아무것도 없습니다. 우리가 먹든지 굶주리든지 혹은 출세하든지 아니면 아무도 알아주지 않든지 병에 걸려 있든지 아니면 치료를 받고 있든지 모든 책임은 하나님께 있습니다. 우리는 걱정할 것이 아무것도 없습니다. 우리는 이미 하나님의 왕궁 안에 들어와 있기 때문입니다. 그러므로 하나님께 감사할 것밖에 없습니다. 나중에 하나님은 우리가 생각하지 못했던 희한한 복을 다 주십니다.

이 세상에서 하나님을 바로 만나거나 혹은 하나님의 나라에 자기 노력으로 들어갈 수 있는 사람은 아무도 없습니다. 오직 하나님의 아들이 우리를 초청해주어야 합니다. 그러면 우리가 하나님의 아들의 친구가 되어서 하나님의 왕궁에 들어가서 하나님도 만나고 하나님 나라의 모든 지식을 배우게 되는 것입니다. 그러나 그리스도를 모르는 자는 절대로 하나님의 왕궁에 들어갈 수 없습니다. 예수님이 내 친구가 되지 못하면 하나님을 만날 수 없습니다.

2. 예수 그리스도의 비밀

원래 하나님의 아들 예수 그리스도는 비밀이었습니다. 인간의 머리로는 도저히 하나님에게 아들이 있다는 것을 믿을 수 없기 때문입니다. 인간은 아버지와 어머니가 있어야 아이가 생길 수 있습니다. 물론 가정의 형편에 따라 부모가 서로 헤어져서 아버지와 아이만 있는 집도 있습니다.

어렸을 때 아이들은 아기가 어떻게 생기는지 굉장히 궁금해합니다. 그래서 아이들이 엄마에게 아기가 어떻게 생기느냐 물어보면, 대구 엄마는 영천 다리 밑에서 주워 왔다고 하고, 부산 엄마는 영도 다리 밑에서 주워 왔다고 가르쳐 줍니다. 그래서 저는 어렸을 때 영도 다리 밑에 가면 아기들이 바글바글하리라 생각해서 정말 그런지 확인하기 위해 집에서 그곳까지 상당히 먼데도 걸어서 갔습니다. 그런데 제가 영도 다리를 건너서 다리 밑에까지 내려가 보아도 아기는 한 명도 없었습니다.

하나님의 아들이 계시다는 것은 하나님 나라의 비밀 중의 비밀입니다. 이것은 우리 머리로는 영원히 이해할 수 없는 것입니다. 그러나 사도 바울은 과감하게 하나님의 아들이 어떤 분인지 소개하고 있습니다.

1:15, "그는 보이지 아니하는 하나님의 형상이시요 모든 피조물보다 먼저 나신 이시니"

하나님은 아무도 본 사람이 없습니다. 하나님은 태양보다 수억 만 배 강한 빛 가운데 계시므로 인간이 하나님을 보는 순간 다 타 죽기 때문입니다. 그러나 하나님은 그 열과 에너지를 수억만 배 약화시켜서 인간이 볼 수 있는 하나님의 아들로 이 세상에 나타나게 하셨습니다. 그래서 우리가 알 수 있는 것은 아들 하나님은 아버지와 똑같이 강한 빛 가운데 있는 분이신데 인간이 볼 수 있는 모습으로 나타나셨다는 것입니다. 그러므로 구약의 족장이나 선지자들이 보았던 여호와나 여호와의 사자는 전부 성부 하나님의 모습이 아닙니다. 인간이 본 하나님의 모습은 모두 성자였습니다.

그러므로 아브라함에게 나타나셔서 "내년 이 시기에 사라에게 아들이 있을 것이라"고 말씀하시고, 또 "소돔과 고모라에 의인 열 명만 있으면 심판하지 않으실 것이라"고 협상하신 분은 전부 하나님의 아들입니다. 야곱에게 나타나셔서 씨름하신 하나님도, 이사야가 성전에서 본 영광의 하나님도 모두 그분의 아들이었던 것입니다. 하나님 아버지를 본 사람은 아무도 없고 볼 수도 없습니다. 그러나 하나님의 아들이 이미 구약 시대부터 천사의 옷을 입고 나타나셨던 것입니다.

그래서 구약 시대에 나타나신 하나님의 특징은 이스라엘 백성을 너무 뜨겁게 사랑하시지만 그들의 죄에 대하여는 분노하신 분이라는 것입니다. 그분이 얼마나 성질이 급하신지 모세가 시내 산에 가서 두 돌비를 받아오는 동안 산 밑의 이스라엘 백성이 금송아지 우상을 만들어놓고 절할 때 하나님은 그들을 다 죽이려고 하셨습니다. 하나님은 회개하는 자들에게는 한없이 자비로우시지만, 끝까지 회개하지 않는 자들에게는 인정사정없이 심판하셨던 분이십니다.

그런데 사도 바울은 여기 하나님의 아들에 대해서 "그는 모든 피조물보다 먼저 나신 이시니"라고 강조하고 있습니다. 그래서 많은 신학자 중에서 이단으로 빠진 자들은 성자가 다른 피조물보다 먼저 나셨기 때문에 성자가 없을 때도 있다라고 주장합니다. 그리고 그는 하나님에 의해서 만들어졌기 때문에 피조물 중의 하나라고 주장하는 사람들도 있었습니다. 그래서 교부 시대에는 성자론이 아주 중요한 이슈였습니다. 아리우스파는 본문의 내용처럼 성자도 만들어졌기 때문에 피조물이라고 주장해서 이단으로 정죄되었습니다. 지금도 많은 이단은 예수님을 믿는다고 하지만 그들은 예수님을 피조물의 하나로 인정할 뿐입니다. 만일 예수 그리스도가 피조물이시라면 우리에게 성령을 주실 수 없습니다. 그래서 이단들에게는 성령의 역사가 없으므로 우리를 구원할 수도 없습니다. 그리고 그리스도가 하나님이 아니시라면 우리에게 뜨거운 부흥을 주실 수도 없습니다.

이 본문 말씀을 보면, 우리 피조물들이 생기기 훨씬 전, 우주에 아무것도 없을 때, 성자는 성부로부터 나셨습니다. 그러나 그 비밀은 우리의 생각으로는 도저히 알거나 이해할 수 없는 것입니다. 단지 성자는 성부와는 다르며, 그분은 자신의 영광을 약화시켜서 우리 인간이 볼 수 있는 형상으로 나타나시고, 나중에는 어린 아기로 이 세상에 태어나셨다는 것입니다. 우리는 그가 언제 아버지로부터 나셨는지는 알지 못합니다. 그러나 그는 피조물이 아니십니다.

3. 창조의 비밀이신 그리스도

이 세상의 모든 우주와 세계와 인간과 생물들을 존재하게 하신 분은 하나님 아버지이십니다. 그러나 구체적으로 우주가 어떻게 만들어지고 인간이 어떻게 생겼으며 자연의 법칙이 어떻게 운영되는지를 계획하고 창조하신 분은 아들 하나님이십니다. 그래서 하나님의 아들은 창조의 지혜이고 기술자이신 것입니다.

> 1:16, "만물이 그에게서 창조되되 하늘과 땅에서 보이는 것들과 보이지 않는 것들과 혹은 왕권들이나 주권들이나 통치자들이나 권세들이나 만물이 다 그로 말미암고 그를 위하여 창조되었고"

그리스도는 우주를 설계하시고 창조하셨습니다. 우리는 우주가 어떤 폭발에 의해서 만들어졌는지 아니면 다른 방법으로 만들어졌는지 알지 못합니다. 그러나 그분은 끝없는 우주를 만드시고 거기에 별들을 만드셨습니다. 은하계에는 수억 개의 별들이 있고 이런 은하계도 수억 개가 있다고 학자들은 주장하고 있습니다. 그리스도는 수억의 수억 개 되는 별을 만드셨습니다. 우리가 보기에 태양은 하나이지만 우주에는 태양 같은 별이 수억 개나 있다는 것입니다. 태양은 항상 빛을 내고 열을 보냅니다. 이것 때문에 지구는 늘 따뜻할 수 있습니다. 그러나 달이나 화성이나 다른 별은 그렇지 않습니다. 아마 밤과 낮의 기온 차이가 백도는 넘을 것입니다. 그러나 그리스도는 이 우주 가운데 오직 한 별 곧 지구에 물이 많게 하셨습니다. 지구는 물로 만들어진 별입니다. 이 물들이 한 곳에 모이고 육지에 식물이 자라게 하시고 동물들이 뛰어다니게 하시고 공중에는 새가 날아다니고 물에는 물고기가 살게 하셨습니다. 또 하나님은 지구에 구름을 만드셔서 지구가 너무 뜨겁지 않게 하시고 비가 내리게 하시고 공기를 만드셔서 숨을 쉴 수 있게 하셨습니다.

그리고 하나님은 인간을 어머니 배에서 만들고 계십니다. 지금도 아기들은 하나씩 어머니 배에서 창조되고 있는 것입니다. 그래서 예수님은 우리의 모든 것을 다 알고 계십니다. 예수님은 나다나엘을 보셨을 때 그가 무화과나무 아래서 고민하고 계셨던 것을 아셨습니다. 예수님은 수가성 여인을 만나셨을 때 그가 수많은 남자에게 버림받았고 심한 개인 기피증을 가지고 살아가고 있다는 것을 아셨습니다. 예수님은 병든 사람들을 다 고치셨고, 물로 포도주를 만드셨으며, 물 위를 걸어가셨고, 죽은 자도 살리셨습니다. 그분은 우리 모든 생명체의 주인이십니다.

예수님은 보이지 않는 천사도 만드셨습니다. 그는 천사가 경배하는 분이십니다. 예수님은 사탄도 만드셨습니다. 그뿐만 아니라 이 세상에 혼란스럽지 않도록 권력자와 왕들도 만드시고 나라의 주권도 만드셨습니다. 예수님은 통치자들을 만드셔서 인간이 자기 마음대로 행동하지 않고 법에 복종하게 하셨습니다. 그러나 통치자가 불의하게 통치하면 그리스도는 철장으로 그들을 때려서 부수실 것입니다. 하나님은 아버지에게 권세를 주시고 선생님들에게 권세를 주셔서 아이들이 자기 마음대로 자라지 못하게 하셨습니다. 그래서 모든 만물을 만드는 아이디어는 그리스도에게서 나셨고 그리스도에게 복종하도록 만들어졌습니다.

이처럼 모든 만물의 아이디어는 그리스도에게서 나왔고, 그리스도를 위하여 창조되었습니다. 그러므로 우리의 모든 병과 어려움을 해결할 수 있는 해답은 예수님께 있습니다. 그런데 그 예수님은 우리의 수님이면서 우리의 가장 가까운 친구입니다.

1:17, "또한 그가 만물보다 먼저 계시고 만물이 그 안에 함께 섰느니라"

예수님은 모든 피조계보다 먼저 계셔서 이 모든 것을 만드셨습니다. 그래서 예수님이 만들지 않은 것은 아무것도 없습니다. 그러나 죄와 마귀가 우리 피조물로 하여금 그리스도를 모르게 했고 악하게 만들었습니다.

17절에 보면, 이 모든 만물이 그리스도 안에 함께 서 있다고 했습니다. 여기서 서 있다는 것은 자기 형체를 유지하고 있다는 뜻입니다.

예수님이 아니시면 모든 형체가 허물어져 내려서 변형될 것입니다. 즉 모든 것이 초같이 녹아내려서 없어지든지 땅에 흡수되고 말 것입니다. 그러나 예수님은 우리의 모습을 유지하게 하셨습니다. 바다는 바다로 있고 하늘은 하늘로 있습니다. 우리는 예수님 때문에 나의 정체성을 가지고 살아있습니다. 그래서 나는 언제까지 나인 것입니다.

우리는 우리 자신을 그리스도 안에서 찾을 수 있습니다. 우리는 다른 사람과 싸우고 반항한다고 해서 나를 찾을 수 있는 것이 아닙니다. 우리는 왕의 궁전에서 나를 찾을 수 있고 나에 대한 하나님의 계획을 알 수 있습니다. 우리는 이미 하나님의 왕궁에 초청되어 들어갔습니다. 거기에는 하나님의 사랑과 은혜가 충만합니다. 이 하나님의 궁전에서 온갖 귀하고 아름다운 것을 가지고 누리시기 바랍니다. 그러나 이 모든 것의 열쇠는 하나님의 아들 예수 그리스도입니다.

04

교회의 머리

골 1:18-23

가끔 교회에서 여러 가지 이유로 담임 목사를 뽑지 못할 때가 있습니다. 그러면 강단에서 하는 설교는 신학교 교수들이 돌아가면서 하기도 하고 그 외에 중요한 모든 교회의 활동이 중지되는 경우를 많이 보게 됩니다. 왜냐하면 그 교회에 머리가 없기 때문입니다.

옛날에 우리나라 여인들은 결혼하게 되면 머리에 비녀를 꽂았습니다. 비녀를 꽂는다는 것은 이 사람에게 주인이 있다는 뜻입니다. 또 일본 여인은 다른 사람들 앞에서 남편을 지칭할 때 주인(슈진)이라고 합니다. 가정의 모든 것을 남편이 책임져야 하고 부인은 그 결정에 따라야 합니다. 우리나라는 남자들은 결혼해도 반지를 거의 잘 끼지 않는 편인데 서양에서는 남자가 결혼반지를 끼지 않는다는 것은 이혼했다든지 아니면 독신으로 있는 것을 의미합니다. 그래서 결혼한 남자는 반드시 결혼반지를 끼고 다녀야 합니다. 즉 남자가 결혼반지를 끼고 있다는 것은 그 사람에게는 다른 몸이 있기 때문에 건드려서는 안 된다는 뜻입니다.

우리나라는 대통령 선거 때마다 모든 정치인이 나라의 머리가 되기 위해서 거의 전쟁을 치르듯이 선거에 임하는 것을 보게 됩니다. 그래서 실현 가능성도 없는 선거 공약을 내걸기도 합니다. 그러나 대통령이 되어서 비서실과 장관들을 자기 마음에 드는 사람들로 싹 바꾸어서 나라의 모든 정책을 다 뒤집고 자기 생각대로 나라를 끌고 간다면 위험하게 될 것입니다. 그래서 머리를 잘못 뽑으면 나라 전체가 엄청 불안하게 될 것입니다.

요즘은 뇌에서 발생하는 병들이 많이 있습니다. 치매라는 것도 뇌세포의 일부가 죽어서 생기는 증상인데 심하면 자기가 누구인지도 모르게 되고 집도 찾지 못해서 돌아다니게 됩니다. 파킨슨병 같은 경우에도 뇌에서 도파민이라는 호르몬이 생기지 않거나 전달이 되지 않아서 생기는 증상인데, 환자들은 정도의 차이가 있지만 약을 먹었을 때와 먹지 않았을 때 천국과 지옥을 하루에도 몇 번씩 왔다 갔다 한다고 합니다.

예수님은 십자가 위에서 비참하게 죽으셨습니다. 그러나 예수님의 생애는 죽음으로 끝나는 것이 아니었습니다. 예수님은 죽으시고 난 후 그의 무죄와 의로운 제사가 인정되어서 사망과 죄의 세력을 부수고 마귀의 머리를 때려서 깨트리셨습니다. 예수님은 이 세상에 오시기 전에도 하나님의 아들로서 천사보다 높은 위치에 계셨습니다. 그러나 예수님이 죽으시고 부활하신 후에는 두 가지 특별한 지위를 가지게 되었습니다. 그 한 가지는 교회의 머리가 되신 것이고, 또 다른 하나는 모든 천사나 사람들을 심판하는 심판의 왕이 되셨다는 것입니다.

1. 교회와 예수님의 관계

요즘은 교회를 하나의 종교 활동하는 곳으로 생각하는 사람들이 많습니다. 그래서 코로나 기간에 교회당이라는 좁은 공간에 교인들이 많이 모이지 못하도록 방역 수칙에 의해 숫자를 줄이라는 행정 명령을 내리기도 했습니다. 즉 믿지 않는 사람들의 눈에는 교회라는 곳이 신앙인들이 모여서 종교 활동을 하는 곳으로만 보였던 것이었습니다. 여기서 종교 활동은 노래 부르고 기도하고 헌금 바치는 행위를 말합니다. 그래서 방역 수칙이 4단계인 곳에서는 아무리 교인이 많아도 백 명 이상은 모일 수 없었고, 교인 수가 백 명이 안 되는 교회는 열 명까지만 모일 수 있었습니다. 그러나 여기 정해져 있는 백 명이나 열 명에 무슨 과학적인 근거가 있는가 하면 전혀 없었습니다. 무조건 술집이나 클럽에서 확진자가 어느 숫자 이상 나오면 교회는 모이는 숫자를 줄여야 했습니다.

그러나 세상 사람들은 교회가 머리에 비녀를 꽂은 여성과 같다는 사실을 잘 모르고 있습니다. 즉 교회는 주인 없이 자기들끼리만 모이는 곳이 아니라 머리가 있다는 사실입니다. 그 머리가 바로 죽음에서 부활하셨고 온 세상을 심판하실 예수 그리스도입니다.

> 1:18, "그는 몸인 교회의 머리시라 그가 근본이시요 죽은 자들 가운데서 먼저 나신 이시니 이는 친히 만물의 으뜸이 되려 하심이요"

구약 시대 이스라엘 백성은 하나님께 예배하는 무리였습니다. 이스라엘 백성이 하나님께 예배하면 하나님이 그곳에 임재하셔서 기도를 들어주시고 축복해주셨습니다. 그러나 예수님이 죽음에서 부활하신 후에는 모든 교회는 예수님과 한 몸으로 연결된 것입니다. 그래서 우리가 보고 듣는 모든 것은 예수님에게 전달되고, 또 예수님의 지혜나 의지는 우리에게 전달되는 것입니다. 그러나 우리에게는 예수님과 연결된 신경이라든지 힘줄 같은 것이 전혀 보이지 않습니다.

우리는 이것을 '드론'을 생각하면 좋을 것입니다. 미군은 드론을 개발해서 유인 비행기 대신에 공중에 띄웁니다. 그러면 드론은 공중을 비행하면서 모든 사람이나 군대의 이동 같은 것을 사진으로 찍어서 본부로 보냅니다. 그리고 이 드론에는 무기까지 설치할 수 있어서 본부에서 발사 단추를 누르면 많은 사람을 죽일 수도 있는 것입니다.

마찬가지로 예수님과 모든 교회는 눈에 보이지 않는 성령으로 연결되어 있습니다. 그래서 교회에 대한 모든 박해는 예수님을 아프게 하는 것이 됩니다. 그리고 예수님은 교회의 모든 기도를 듣고 계시면서 "어찌하여 이방 나라들이 분노하며 민족들이 헛된 일을 꾸미는가"(시 2:1)라고 말씀하십니다. 예수님은 교회에 영감을 주셔서 하나님의 말씀을 선포하게 하시고, 성령의 기름을 부으셔서 부흥이 일어나게 하십니다. 여기서 부흥은 영적인 큰 폭발입니다. 그리고 때가 되면 예수님께서 자리에서 일어나셔서 악한 통치자들을 철장으로 질그릇을 부수듯이 부수어서 가루가 되게 하실 것입니다.

그래서 교회의 머리는 사람이 아닙니다. 교회의 머리는 하나님 보좌 우편에 앉으신 하나님의 아들이십니다. 우리는 예수님과 모든 신경과 기도와 말씀으로 연결되어 있습니다. 마치 교회는 적진 한가운데 고립되어있는 군인들과 같습니다. 그러나 우리는 예수님과 연결되어 있으므로 걱정할 것이 없습니다. 단지 우리에게 일어나고 있는 일을 예수님께 기도로 보고만 하면 되는 것입니다.

그러나 우리가 교회로서 그리스도의 몸 노릇을 하는 데는 큰 걸림돌이 있습니다. 그것은 바로 신경이 제대로 연결되어 있지 않아서 끊어져 있다는 것입니다. 일단 우리에게 신경이 끊어지면 감각이 없어집니다. 누가 우리 몸을 때려도 감각이 없기 때문에 아프지 않고, 머리가 아무리 팔다리를 움직이라고 해도 움직여지지 않습니다.

주님과 우리의 신경을 끊어지게 하는 것이 무엇입니까? 하나님의 말씀이 없어지고 세상이 교회 안에 들어오는 것입니다. 그래서 우리는 교회에 하나님의 말씀이 없어지고 세상적인 사고나 방법이 들어오는 것을 굉장히 조심해야 합니다. 이것이 바로 영적인 한센병이고 살을 썩게 만드는 심한 당뇨병과 같은 것이기 때문입니다. 지금 교회는 예수님과의 관계에서 신경이 끊어져 있습니다. 그래서 양심의 가책이 없고 수치의 감정도 없습니다. 그리고 주님이 드론으로 폭탄을 발사하라고 해도 발사가 되지 않는 것입니다.

본문은 예수님을 교회의 머리라고 했습니다. 그런데 나중에 교회는 그리스도의 신부로 나타나게 될 것입니다. 결혼식장에서 가장 아름다운 주인공은 신부입니다. 신경이 잘 연결되어 있는 교회는 아름다운 웨딩드레스를 입고 나타날 것입니다. 그러나 신경이 끊어진 교회는 누더기나 더러운 옷을 걸치고 나타나게 될 것입니다.

본문에는 예수님에 대하여 세 가지로 말씀하고 있습니다.

그 첫째는 "그가 근본"이시라고 했습니다. 이것은 이 세상에 있는 모든 피조물이 예수님에 의해 만들어진 것을 말합니다. 예수님은 모든 피조물을 만드셨습니다. 그래서 세상의 모든 것이 다 예수님의 설계대로 만들어진 것입니다. 늑대는 무리를 지어 다니면서 사냥합니다. 늑대가 얼마나 중요한 역할을 하는가는 이미 미국의 와이오밍 주의 자연 보호 구역에서 증명되었습니다. 예전에 그곳에 있는 미국인들은 늑대를 해로운 동물이라고 여겨 수만 마리를 총으로 쏘아 죽여 멸종에 이르게 했습니다. 그랬더니 초식동물들이 너무 많이 번식해서 자연이 황폐하게 되었습니다. 그래서 와이오밍 주에서는 캐나다에서 늑대 열 몇 마리를 구입해서 풀어놓았더니 자연이 다시 제자리로 돌아오게 되었다고 합니다. 우주의 모든 근본은 그리스도입니다. 그래서 허리케인과 폭우, 지구 온난화와 코로나19 등 자연의 이상 현상도 모두 그리스도께서 해결하실 수 있습니다.

그리고 두 번째는 예수님을 "죽은 자 가운데서 먼저 나신 이"라고 했습니다. 죽음을 이기고 다시 살아나셨다는 것은 인간에게는 엄청난 일입니다. 인간이 죽음을 이길 수 있다면 이 세상에 두려워할 것이 아무것도 없습니다. 예수님은 가장 먼저 죽음을 이기시고 살아나셨습니다. 그러면 왜 우리는 다시 살아나지 못하는 것입니까? 그것은 우리 모두 함께 부활해서 어린양의 혼인 잔치에 참여하기 위해서입니다. 우리는 이 세상의 역사가 길다고 생각하지만, 하나님의 시계로는 6천 년이 30분일 수 있습니다. 그래서 죽은 자와 산 자의 차이가 그렇게 긴 시간이 아닙니다. 하나님의 시계에 의하면 우리는 거의 동시에 살아나게 됩니다.

그리고 세 번째는 예수님이 "친히 만물의 으뜸"이 되신다고 했습니다. 지금은 그리스도를 믿지 않고 경멸하는 자들이 많이 있습니다. 예수 그리스도의 이름은 영어에서 욕으로 사용되고 있습니다. 그러나 그리스도는 하나님의 때가 되었을 때 모든 불신앙의 세력을 심판해서 지옥에 넣으시고 모든 천사와 모든 성도의 경배를 받으실 것입니다.

예수님 안에는 모든 것이 충만합니다.

1:19, "아버지께서는 모든 충만으로 예수 안에 거하게 하시고"

여기서 충만이라는 것은 '꽉 찼다'는 뜻입니다. 예수님 안에는 부족한 것이 아무것도 없습니다. 예수님은 모든 굶주린 자를 먹이실 양식이 있고 모든 병자를 고치실 약이 있습니다. 모든 풀이나 나무나 새들을 입히실 옷이 있는 것입니다. 그리고 모든 교회를 다 부흥시킬 성령이 있습니다. 그런데 문제는 왜 우리는 언제나 궁핍하고 병들고 어려운 가운데 지내야 하느냐 하는 것입니다. 그것은 결국 부흥이 없기 때문입니다. 하나님의 말씀이 충만해야 부흥이 일어나는데, 말씀이 인간의 말로 희석이 되고 인간의 말만 나오니까 기름이 고이지 않습니다. 그러면 그리스도는 충만하지만 우리에게 전달이 되지 않아서 지상의 교회는 말라가게 되는 것입니다.

2. 책망할 것이 없는 자들

아이들을 키우다 보면 매일 야단맞을 짓만 하는 아이가 있는가 하면, 야단맞을 것이 하나도 없을 정도로 자기 일을 알아서 잘하는 아이도 있습니다. 대개 야단맞는 아이는 너무 어려서 부모나 선생님이 하는 말을 잘 알아듣지 못하거나 또 고집이 너무 세어서 자기 뜻대로 모든 일을 하려고 하는 아이일 것입니다. 혹은 공부나 손재주가 없어서 시키는 대로 잘하지 못하는 아이도 있습니다. 그래서 어린아이들이 야단맞을 짓만 한다고 해서 너무 부정적으로 생각할 필요는 없습니다. 오히려 너무 튀는 행동을 해서 야단맞는 아이가 창의성이 있는 아이일 수도 있습니다. 또 대개 주로 야단맞는 아이는 고집이 센 아이일 때가 많습니다.

마찬가지로 이 세상에서 우리 인간은 모두 하나님 앞에서 못되게 행동했고 지금도 못된 짓을 하고 있는 이력이 있습니다. 이때 우리에게 가장 중요한 것은 하나님께 진심으로 화해하는 것입니다. 즉 이 세상에서 가장 미련한 사람은 하나님과 화해할 생각을 하지 않고 자기 혼자만 잘났다고 생각해서 자기 마음대로 하려고 하는 사람입니다.

> 1:20, "그의 십자가의 피로 화평을 이루사 만물 곧 땅에 있는 것들이나 하늘에 있는 것들이 그로 말미암아 자기와 화목하게 되기를 기뻐하심이라"

하나님께서는 처음에 모든 것을 참 아름답고 선하게 만드셨습니다. 그러나 천사 중에서 사탄이 하나님을 배반해서 하나님의 영광을 차지하려고 했습니다. 그리고 사탄은 하나님의 버림을 받았는데 그 사탄을 따라간 천사들이 많이 있었습니다. 이들이 모두 귀신 또는 악령이 된 것입니다. 그리고 마귀는 뱀 속에 들어가서 인간으로 하여금 하나님의 말씀을 어기게 하는 데 성공했습니다. 그러고 나서 인간은 하나님을 미워하게 되었고 형제끼리도 미워해서 죽이는 일까지 생겼습니다.

그러나 하나님께서는 이 세상에 있는 모든 천사나 피조물들이 다시 하나님과 친해지기를 원하셨습니다. 하지만 이것은 너무나도 엄청난 대가가 필요했습니다. 그것은 바로 죄가 하나도 없는 인간의 피가 흘려져야만 했습니다. 그러나 죄가 하나도 없는 인간은 이 세상에 없었습니다. 왜냐하면 인간이나 피조물은 나면서 죄를 가지고 태어나기 때문입니다. 그래서 하나님은 엄청난 모험을 하셨습니다. 그것은 온 우주보다 더 귀한 하나님의 아들을 사람이 되게 하시는 것이었습니다. 하나님은 이 일에 성공하셨습니다. 하나님의 아들은 사람이 되어 성장하셨습니다. 그리고 나중에 십자가에 달려서 그 죄 없는 피를 흘리셨습니다. 하나님은 그 피를 보시고 누구든지 아들을 주로 믿는 자와는 다 화해하셨습니다. 우리는 그것을 믿기만 하면 되는 것입니다.

하나님과 화해하는 방법은 아들과 아들을 보내신 하나님을 믿는 것밖에는 없습니다. "영생은 곧 유일하신 참 하나님과 그가 보내신 자 예수 그리스도를 아는 것이니이다"(요 17:3)라고 했습니다. 우리가 예수를 믿고 하나님과 화해하면 우리의 모든 고집과 죄를 예수님의 십자가가 다 빨아갑니다. 그래서 우리는 일단 고집이 적어지고 자꾸 하나님의 말씀을 듣고 순종하게 됩니다. 이것이야말로 우리가 어디에 내어놓아도 칭찬받을 하나님의 자녀가 되는 길입니다.

1:21-22, "전에 악한 행실로 멀리 떠나 마음으로 원수가 되었던 너희를 이제는 그의 육체의 죽음으로 말미암아 화목하게 하사 너희를 거룩하고 흠 없고 책망할 것이 없는 자로 그 앞에 세우고자 하셨으니"

우리가 예수 믿기 전에는 그렇게 고집이 세었습니다. 자기 뜻을 양보하면 마치 바보나 되고 없어지는 줄 알고 고집을 부렸고, 또 하나님을 부정하기 위해 하나님이 싫어하는 짓을 골라서 했습니다. 뿐만 아니라 우리의 본성 안에는 성욕이나 분노가 있어서 자동적으로 죄를 짓게 되어 있었습니다. 그래서 미신을 따르고 술을 마시고 자연스럽게 음란한 짓을 하게 되어 있었습니다. 그러나 예수님의 육체가 죽으면서 우리에게 하나님의 사랑이 주어지게 되었습니다. 그리고 우리 자신이 아주 존귀한 자라는 믿음이 생기게 되었습니다. 그래서 하나님 앞에서 말씀 듣는 것이 너무 좋습니다. 그러나 어떤 때는 하나님이 너무 거룩하기 때문에 내가 이상해지는 것은 아닌가 하는 불안도 있습니다.

우리가 과연 하나님 앞에서 "거룩하고 흠 없고 책망할 것이 없는" 자랑스러운 아들이 될 수 있을까요? 물론 우리가 처음에는 허물투성이입니다. 예수 믿는다고 하면서도 죄를 다 지었습니다. 지금도 우리는 하나님 앞에서 책망받을 짓을 많이 하고 있습니다. 그러나 하나님은 우리와 화해하셨습니다. 하나님은 우리 죄를 예수님의 피로 다 덮어버리셨습니다. 여기서 우리가 하나님을 사랑하고 순종하면 하나님은 너무너무 기뻐하시는 것입니다. 우리가 하나님에게 조금 순종해도 하나님은 백배나 기뻐하십니다.

3. 복음의 일꾼이 됨

이 세상에서 어떤 일을 자신의 천직이나 사명으로 생각하고 사는 사람들이 있습니다. 어떤 사람은 병원 응급실에서 죽어가는 사람을 살리는 것을 자기 천직으로 생각합니다. 그래서 숨을 쉬지 못하는 환자가 응급실에 실려 오면 침대 위에 올라가서 심폐소생술을 하기도 합니다.

얼마 전에 환자 치료하는 것을 자기 천직으로 알고 무료로 가난한 자를 치료해주고 할 수 있는 한 환자를 한 명이라도 더 치료하려고 애를 쓰는 지방의 어느 의사가 사고로 죽었습니다. 그분은 그 지방의 슈바이처로 불렸습니다. 어느 비가 오는 날 앞차가 빗물에 미끄러져서 가드레일 박는 것을 보고 의사의 본능으로 뛰어가서 그들이 무사한 것을 보고 자기 차로 돌아오다가 뒤에서 오는 차가 빗물에 미끄러지면서 이 의사를 덮쳐서 죽었다고 합니다. 사람들은 그것도 모르고 그 의사가 운영하는 작은 병원에 치료받으러 왔다가 그분이 죽은 것을 알고는 오열을 금하지 못했다고 합니다.

그런데 이 세상에는 인간의 영원한 운명을 결정하는 의술이 있습니다. 사람들이 이 치료를 받으면 자기 자신을 찾을 수 있고 하나님을 만날 수 있으며 영생을 얻을 수 있습니다. 이 의술이 바로 '복음' 입니다. 이 복음은 천하 모든 사람에게 다 필요한 것이고 이 복음을 들으면 누구든지 새사람이 될 수 있습니다. 그래서 우리는 이 세상에서 다른 일을 하는 것도 중요하지만 가장 중요한 일은 바로 이 복음을 지키고 영혼을 구하는 일입니다.

> 1:23, "만일 너희가 믿음에 거하고 터 위에 굳게 서서 너희 들은 바 복음의 소망에서 흔들리지 아니하면 그리하리라 이 복음은 천하 만민에게 전파된 바요 나 바울은 이 복음의 일꾼이 되었노라"

여기 "믿음에 거한다"는 것은 믿음과 세상 사이에서 들락거리지 않는 것을 말합니다. 만약 우리가 믿음과 세상 사이에서 들락거리면 결국 세상의 늪에 빠지게 되고, 세상의 악한 공기를 마시고 제대로 숨을 쉬지 못하다가 죽고 맙니다. 우리가 믿음을 찾으려면 좁은 문부터 찾아야 합니다. 그러나 이 좁은 문은 가시덤불이 있고 사람들이 다니지 않는 곳에 있으므로 찾기가 어렵습니다. 또 이 좁은 문을 억지로 연다고 해도 가시덤불이나 돌투성이 길이 나오기 때문에 기어서 가야 합니다. 우리는 거기서 허리를 펼 여유도 없습니다. 그러나 우리가 계속 그 길을 기어서 가면 어느 순간 튼튼한 터 위에 서게 되고 더 이상 세상으로 빠지지 않게 됩니다.

이때 우리는 새로운 소망이 생깁니다. 그것은 누구든지 이 복음을 믿으면 새 생명을 얻는다는 것입니다. 이 복음은 우리가 세상에서 성공하고 유명해지는 것보다 더 중요하다는 것을 깨닫게 됩니다. 거기서 흔들리면 안 됩니다. 거기서 흔들려버리면 다시 가시덤불에 빠지고 사탄의 함정에 빠져서 시간을 많이 허비하게 되기 때문입니다. 유학하는 학생들은 그곳에서 학문을 하면서 고국에 돌아가서 교수를 하리라는 소망을 가지고 공부합니다. 아니면 노벨상을 탈 것이라는 소망을 가지고 연구를 계속합니다. 그러나 우리에게는 사람을 살리는 소망이 있습니다. 이것은 아무도 알아주지 않습니다.

만약 사도 바울이 복음을 전하지 않고 유대 사회에서 율법을 공부했더라면 유명한 학자가 되었을 것입니다. 그는 핍박당할 필요도 없고 고생할 필요도 없었을 것입니다. 그러나 그러면 그의 영혼에는 만족이 없었을 것입니다. 사도 바울은 자기가 이 "복음의 일꾼"이 된 것이 너무 신기하고 좋았습니다. 그는 죽을 때까지 이것을 천직으로 알고 살아갔습니다. 이 세상에서 사는 기간이 긴 것 같지만 사실은 그렇지 않습니다. 우리도 가장 가치 있는 것을 찾아서 흔들리지 말고 살아가시기 바랍니다.

"이 복음은 천하 만민에게 전파된 바"라고 했습니다. 그러나 다른 의미로 생각해보면 천하 만민에게 전파되어야 할 것이라고 볼 수 있습니다. 즉 모든 사람에게 필요한 것이 복음입니다. 사도 바울은 그것을 위하여 복음의 일꾼이 된 것이 너무 자랑스러웠습니다. 이 복음이 없다면 미래가 없습니다.

05
하나님의 비밀

골 1:24-29

사람은 모두 남에게 말할 수 없는 비밀이 한두 가지씩은 있을 것입니다. 어떤 사람이 아주 희귀한 책이나 보석을 가지고 있다든지 혹은 유명한 화가의 그림을 가지고 있다면 다른 사람들에게 잘 보여주지 않을 것입니다.

중국 서안에서 어떤 농부가 우물을 파다가 토기로 된 인형이 자꾸 나오는 것을 보고 국가에 신고했는데 나중에 파보니까 이것은 진시황 때 흙으로 만든 어마어마한 군인과 말과 병거의 부서진 조각들이었습니다. 중국 문화재청에서는 그 일대를 발굴하여 지금 그곳에는 흙으로 만든 수천의 병마용의 모형이 있다고 합니다. 그리고 유리로 막아 놓아서 그 안에는 들어가지 못합니다. 이 모든 것이 역사의 비밀이었는데 수천 년의 시간이 흐르면서 그 비밀이 우연히 발견된 것입니다.

더욱이 신비로운 것은 석회암 동굴입니다. 석회암 동굴은 길에서는 아무것도 보이지 않습니다. 그러나 산악인이나 주민들이 우연히 구멍을 발견해서 들어가게 되는데, 그 안에는 수만 년의 역사가 만든 놀라운 동굴이 있는 것입니다. 그 안에 폭포도 있고 호수도 있고 정말 기묘한 색깔로 만들어진 기둥이나 고드름처럼 된 석뿔도 있습니다. 이미 개방되어서 일반인이 관람할 수 있는 곳은 일부분에 불과하고 아직 아무도 들어가 본 적이 없는 비밀의 동굴이 엄청난 규모로 있다고 합니다. 저도 울진에 있는 성류굴에 가보니까 정말 아름다운 석회암 기둥과 호수가 있는데 맨 끝에 가보니까 아직 들어갈 수 없는 곳이라고 하면서 막아 놓았습니다. 제주도에 있는 만장굴도 엄청나게 큰 동굴인데 일제강점기에 어떤 선생님이 아이들을 데리고 자주 동굴을 탐사하다가 발견했다고 합니다.

이와 같이 이 세상에는 찾지 못해서 그렇지, 많은 비밀이 감추어져 있습니다. 만일 누군가가 그 비밀을 찾게 되면 유명하게 될 뿐만 아니라 수많은 사람이 그곳을 방문하게 될 것입니다. 마찬가지로 천국에도 비밀이 많이 있습니다. 우선 하나님의 나라 존재 자체가 비밀입니다. 그래서 사람들은 천국이 있는지 지옥이 있는지 알지 못합니다. 또 천사들의 존재나 숫자도 비밀로 되어 있습니다. 우리는 천사만 모르는 것이 아니라 마귀에 대해서도 잘 알지 못합니다. 마귀의 나라에도 계급이 있는데 그것도 잘 알지 못합니다. 단지 사도 바울은 어느 정도 그 비밀을 알고는 "하늘에 있는 통치자들과 귀세들"이라고 말하고 있습니다. 국가에서는 중요한 계획이나 결정을 비밀로 보관합니다. 그런데 하나님 나라의 가장 위대한 비밀이 있습니다. 우리 인간은 이 비밀을 알아야 천국에 들어갈 수 있고 천국의 모든 축복을 받을 수 있습니다. 이 비밀을 모르는 사람은 누구도 하나님 나라나 그 축복에 들어갈 수 없습니다.

하나님의 나라에서 큰 비밀은 하나님 나라의 위치입니다. 즉 '하나님의 나라가 있기는 한가?'와 '있다면 어디에 있느냐?' 하는 것입니다. 그리고 하나님 나라의 큰 비밀은 하나님이 계신다는 것입니다. 하나님이 모든 우주와 세계를 만드셨는데, 그 하나님이 이스라엘 백성의 성경에 나오는 하나님이시라는 것입니다. 그리고 그것보다 더 엄청난 비밀은 수만 년 동안 감추어져 있던 것인데, 하나님에게 아들이 있다는 사실입니다.

1. 사도 바울이 받은 고난

사도 바울은 복음을 전하면서 엄청난 고난을 많이 당했습니다. 암살도 당할 뻔했고, 감옥에 갇히기도 하고, 채찍질도 당하고 굶기도 하고 돌에 맞아 거의 죽을뻔하기도 했습니다. 사도 바울은 가만히 있으면 유대에서 유명한 사람이 되고 존경을 받았을 텐데, 왜 그렇게 사서 고생을 많이 했을까요? 그것은 그가 하나님의 비밀의 사신이 되었기 때문입니다. 사도 바울이 이 세상에 모든 것을 누리고 좋은 자리에 있었더라면 하나님의 비밀을 하나도 모르고 망하고 말았을 것입니다. 그러나 하나님은 사도 바울을 하늘나라의 죄고 비빌을 전하는 자로 임명하셨습니다. 그래서 사도 바울이 하나님 나라의 비밀을 전할 때마다 그는 사람에게 박해받고 고난받았던 것입니다.

우선 민족마다 다 자기들의 신이 있었습니다. 그리스 사람에게는 올림포스산에서 활동하는 제우스를 비롯한 많은 신이 있었습니다. 그래서 이 신들의 이야기가 하나의 역사를 이루고 있었습니다. 그리고 가나안 땅에는 제우스와 비슷한 바알이라는 신이 있었습니다. 그리고 에베소에는 아데미 신이 있었습니다. 스칸디나비아반도에는 바이킹족들이 살았는데, 그들이 믿었던 신이 오딘이라는 신이었습니다. 일본에는 800만이나 되는 수많은 귀신을 믿었고, 우리나라는 산신령을 믿었습니다.

그런데 어느 날 바울이라는 유대인이 나타나서 하나님은 한 분이라고 주장했습니다. 물론 하나님이 한 분이라는 것은 좋습니다. 그러나 그 한 분뿐인 하나님이 오직 이스라엘 백성의 성경에 나타나는

'여호와 하나님' 이라고 주장하니, 온 민족은 분노를 금할 수 없었습니다. 지금 우리의 신이 우리를 지켜주고 있고 돌보아 주고 있다고 믿고 수천 년 동안 그 신에게 제사도 드리고 축제도 하는데, 갑자기 어디서 한 유대인이 나타나서 성경의 하나님만이 참 하나님이라고 주장하니까 자신들의 과거 전체를 부정하는 꼴이 되었습니다. 그래서 그들은 사도 바울을 죽이려고 했고 돌을 던졌으며 감옥에 가두기도 했습니다.

이것은 오늘 우리에게도 마찬가지입니다. 우리나라에도 부처를 믿는 사람도 있고, 천주교를 믿는 사람도 있고, 아무 신도 믿지 않는 사람도 많이 있습니다. 그런데 기독교에서 말하는 신, 성경에 나오는 신만이 참 하나님이라고 주장하면 사람들이 화를 내고 욕을 히는 것입니다. 그러나 우리나라 애국가는 참 희한하게 되어 있습니다. 가사를 보면 "하나님이 보우하사 우리나라 만세"로 되어 있습니다. 이것을 하나님을 믿지 않는 사람들은 '하나님' 이 아니라 '하느님' 이라고 부르고 있습니다. 그러나 결국 그 하느님이 그 하나님이신 것입니다.

> 1:24-25, "나는 이제 너희를 위하여 받는 괴로움을 기뻐하고 그리스도의 남은 고난을 그의 몸된 교회를 위하여 내 육체에 채우노라 내가 교회의 일꾼 된 것은 하나님이 너희를 위하여 내게 주신 직분을 따라 하나님의 말씀을 이루려 함이니라"

사도 바울은 하나님의 비밀 사신이 되었습니다. 그는 세상의 누구도 인정해주지 않는 사신이었는데 사실 사신이라는 자체도 비밀이었습니다. 그는 이 세상의 눈으로 보면 아무것도 아니었습니다. 권력자도 아니고 학자도 아니었습니다. 그러나 그는 하나님이 임명하고 보내신 사신이었습니다. 그런데 어느 날 세상적으로 보면 아무것도 아닌 사람이 하나님을 믿어야 한다고 떠들고 다니니까 모든 민족과 사람들이 그를 미워하고 박해했던 것입니다.

미국도 많은 나라에 FBI나 CIA의 비밀 요원들을 두고 있습니다. 이들은 철저하게 자신의 신분을 감추고 있는데 채소 장사도 있고 사진사도 있고 공무원도 있고 빈둥빈둥 노는 사람도 있습니다. 이들 중에는 독일이나 프랑스에서 활동하기도 하지만, 아프가니스탄이나 이란같이 미국과 적대적인 나라에서 활동하는 요원도 있습니다. 그런데 어느 날 배반자가 생겨 이 요원들의 명단을 상대정보국에 넘겨주게 되면 일망타진되어 총살당하든지 감옥에 갇히든지 모두 다 제거될 것입니다.

그런데 사도 바울은 비밀 요원이지만 자신의 정체를 드러내었습니다. 즉 자신은 하나님을 믿는 사람이며 하나님으로부터 보냄을 받았다는 비밀을 드러내었던 것입니다. 특히 그는 이방인들에게 복음 전하는 것이 임무였기 때문에 이방 지역에서 많은 고통을 받았습니다. 그러나 그는 이 고통을 기뻐했습니다. 이런 고통을 통하여 이방인들이 사도 바울에게 관심을 가지게 되고, 그들은 도대체 복음이 무엇이기에 저 사람은 여기까지 와서 복음을 전하고 고통을 받을까 하는 생각을 할 것이기 때문입니다. 그런데 그 사람은 사악하지 않고 언제나 온유하며 친절한 것을 볼 때 복음에는 무엇인가 있기는 있다고 생각하게 될 것입니다.

그런데 여기에 이해하기 어려운 말씀이 나옵니다. 그것은 바로 "그리스도의 남은 고난을 그의 몸된 교회를 위하여 내 육체에 채운다"는 것입니다. "그리스도의 남은 고난"이 무엇일까요? 예수님이 우리를 구원하시기 위하여 채찍에 맞으시고 십자가 위에서 고통당하신 것이 부족하다는 뜻일까요? 그렇지 않습니다. 예수님의 십자가는 우리 죄를 해결하는데 충분한 고통이었습니다. 그런데 도대체 그리스도에게 무슨 고난이나 고통이 남아 있다는 말일까요? 물론 예수님은 우리를 위하여 충분히 고통을 당하셨지만, 그 복음이 우리에게까지

오고 우리가 그 복음을 믿기까지는 아직 남아 있는 고통이 있다는 뜻입니다. 즉 세상 땅끝까지 복음을 전해서 하나님의 택한 백성이 모두 예수 믿게 하기까지는 고통이 남아 있다는 것입니다.

우리나라에도 복음이 오기까지 성경을 번역하는 일이 있어야 했습니다. 그리고 선교사들이 말도 통하지 않는 나라에 들어와서 마을이나 도시를 다니면서 사람들을 만나고 복음을 전했습니다. 그러나 그 선교사들은 20대에 한국에 들어와서 풍토병에 걸려 죽어서 이 땅에 묻힌 분들이 많습니다. 즉 하나님의 모든 택한 백성이 구원받으려고 하면 남은 고통이 있다는 것입니다. 더욱이 천주교 신자는 조선에 들어와 제사를 지내지 않는다는 이유로 절두산에서 많은 사람이 목이 잘려서 죽었습니다. 예전에 일본에서도 예수 믿는 신자들을 규슈의 나가사키나 운젠까지 끌고 와서 어린아이부터 어른에 이르기까지 끓는 온천물에 넣어 삶아 죽이기도 하고 십자가에 못 박아 죽이기도 했다고 합니다. 이것이 바로 하나님의 교회가 세워지기 위하여 치러져야 하는 고통입니다.

사도 바울은 이것을 자기 육체에 채운다고 했습니다. 사람들은 자기 육체에 먹을 것이나 세상의 썩어질 영광으로 채우려고 합니다. 그러나 사도 바울은 교회를 위한 고통으로 채우기를 원했습니다. 교회는 하나님의 아주 중요한 기관이며, 교회가 제대로 기능을 수행하려면 교인 한 사람 한 사람이 성숙해야 하는데 그렇게 되려고 하면 사도 바울의 온몸이 고통으로 채워져야만 했던 것입니다. 이것은 바로 예수님이 당하신 고난과 연결되는 고통이었습니다. 즉 우리는 십자가의 연장 선상에 서 있는데 그것이 바로 교회의 진리를 지키고 부흥을 일으키기 위한 고통입니다. 우리는 세상의 연장 선상이 아니라 십자가의 연장 선상에 서 있습니다. 그것은 바로 교회의 진리를 지키기 위하여, 또 부흥을 일으키기 위하여 고통받는 것입니다. 이것이 바로 천국의 길입니다.

2. 하나님의 오래된 비밀

하나님에게는 아주 오래된 비밀이 있었습니다. 아마 이 비밀은 천사들에게도 공개되지 않았던 비밀이었던 것 같습니다. 우리 인간에게는 하나님 자신도 비밀이었고 천국도 비밀이었습니다. 천사도 비밀이었습니다. 그런데 사람들의 상상력이 얼마나 뛰어난지 천사가 있다고 상상하는 사람들이 많습니다. 그런데 이방인에게는 하나님의 비밀과 아울러 더 엄청난 비밀이 동시에 공개되었습니다. 그것은 온 천지를 창조하신 하나님이 계시는데, 그 하나님이 우리 인간을 사랑하신다는 사실입니다. 그리고 더 중요한 비밀은 하나님에게는 아들이 있는데 하나님이 우리를 사랑하셔서 이 아들을 우리 인간 세상에 보내셨다는 것입니다.

> 1:26-27, "이 비밀은 만세와 만대로부터 감추어셨넌 것인네 이제는 그의 성도들에게 나타났고 하나님이 그들로 하여금 이 비밀의 영광이 이방인 가운데 얼마나 풍성한지를 알게 하려 하심이라 이 비밀은 너희 안에 계신 그리스도시니 곧 영광의 소망이니라"

하나님은 온 천하를 만드시고도 자신을 감추셨습니다. 태양을 만드시고도 사인을 남기지 아니하셨고, 새파란 하늘과 엄청난 바다를 만드시고도 자신의 이름을 남기시지 않았습니다. 하나님은 비밀이었습니다. 그 비밀은 오직 이스라엘 백성에게만 공개되었습니다. 그러나 이스라엘 백성은 그 비밀을 믿지 못하고 다른 민족의 신을 따라가는 바람에 망하게 됩니다.

그런데 하나님에게 있는 비밀 중의 비밀이 바로 하나님에게 아들이 있다는 것이었습니다. 그 하나님의 아들은 우리에게 그리스도로 불리는 분이십니다. 그리스도는 우리에게 하나님의 사랑을 가지고 오셨습니다. 그분은 완전한 인간으로 이 세상에 오셨습니다. 그분은 우리와 똑같아지셨습니다. 우리 인간은 하나님께는 개미나 벌레나 지렁이보다 못한 존재입니다. 그런데 하나님의 아들이 진짜 우리 인간이 되셨던 것입니다. 이것은 인간이 벌레가 되고 지렁이처럼 된 것과 같습니다. 그러나 하나님의 아들은 만세 전부터 감추어져 있었습니다. 즉 하나님의 아들이 비밀로 감추어진 것은 수만 년 혹은 수십만 년 전부터입니다. 그러나 하나님은 아들을 나타내셨을 뿐 아니라 아기가 되게 하셨습니다. 예수님은 하루 만에 천재가 되거나 어른이 된 것이 아니었습니다. 그러나 예수님은 성장하면서 아버지가 사랑이라는 것을 아셨습니다. 아버지는 죽을 정도로 우리 인간을 사랑하셨습니다. 그래서 아버지는 아들을 우리 모든 인간의 교만과 죄와 더러운 것을 대신해서 십자가 위에서 죽게 하셨습니다.

만약 예수님이 아기였을 때 자신이 하나님의 아들인 줄 알았더라면 마귀가 그냥 두지 않았을 것입니다. 마귀도 예수님의 정체에 대하여 항상 긴가민가했던 것 같습니다. 그러나 예수님이 끝까지 자신을 말씀에 순종하자 자신만만하게 예수님을 죽였는데, 이것이 바로 마귀의 가장 큰 실수였던 것입니다. 마귀는 죄가 하나도 없는 하나님의 아들을 죽임으로 큰 패배를 당하게 되었습니다. 즉 사망의 권세나 죄의 세력이 깨어지고 마귀의 모든 힘도 다 없어지게 되었습니다.

사도 바울은 "이 비밀의 영광"이라고 했습니다. 예수님 안에는 놀라운 영광이 있습니다. 십자가는 하나의 사형 틀이지만, 믿음의 눈으로 보면 그 안에 천국 가는 길이 있는 것입니다. 예수님은 우리 영광의 소망입니다. 예수님은 우리를 천국으로 인도하시고 천국의 모든 것을 다 가지게 하시고 영생을 살게 하시는 것입니다. 그래서 복음과 함께 우리 이방인에게는 하나님 나라의 복음이 한꺼번에 쏟아지게 됩니다. 즉 하나님의 살아계심과 하나님 나라의 존재, 천사나 마귀의 존재, 하나님의 아들 그리스도, 그리고 하나님 말씀의 능력 등등 엄청난 비밀이 쏟아지게 되는 것입니다. 이 비밀을 믿는 자들에게는 영생이 주어지고 부흥이 일어나지만 믿지 않는 자들은 영원히 망하고 맙니다. 그러나 이 비밀을 믿지 않는 자들에게는 여전히 사망이 왕 노릇을 하게 됩니다. 그래서 그들은 영원히 죽게 되는 것입니다. 그들이 지옥에서 산다고 하지만 그것은 죽는 것보다 못한 것입니다.

지금 우리의 몸과 영생하는 우리의 몸은 비교할 수 없습니다. 그래서 반드시 이 복음을 전해야 합니다. 누구든지 예수를 믿으면 구원받고 영생을 얻기 때문입니다.

3. 그리스도 안에 완전한 자

사람마다 다 자기 나름대로 소망이 있을 것입니다. 더욱이 어린이들과 청소년들은 막연하지만 이 세상에서 유명해지고 성공하고픈 소망을 가지고 있을 것입니다. 어떤 아이는 올림픽 금메달리스트가 되는 꿈을 가지고 있고, 어떤 아이는 유명한 음악가가 되는 꿈을 가지고 있을 것입니다. 그러나 그리스도인들이 가지고 있는 꿈은 어떤 것일까요? 만약 우리가 그리스도의 비밀을 구경만 한다면 아무 소용이 없을 것입니다. 우리는 그리스도 안에서 빛난 소망을 이루어야 할 것입니다.

예수님의 제자 중에서 베드로와 요한과 야고보는 소망을 가지게 되었습니다. 그것은 그들이 변화산에서 예수님을 보았을 때였는데, 변화되신 예수님은 영광 그 자체였습니다(마 17:1-8). 제자들은 예수님을 보는 것 자체가 너무 좋았습니다. 그들은 너무 좋아서 거기서 죽어도 후회할 것이 없었습니다. 예수님 옆에는 오래전에 죽은 줄 알았던 모세와 엘리야가 함께 있었습니다. 그리고 그들은 예수님의 죽으심에 대하여 이야기하고 있었습니다. 그때 제자들은 천국에는 죽음이 없다는 사실을 알았습니다. 모세는 홍해를 갈라지게 하고 바위를 쳐서 생수가 나게 하고, 엘리야는 하늘이 닫혀 비가 오지 않게 하고 기도로 하늘에서 불이 떨어지게 하는 능력을 보여주었습니다. 이 세상에서 아무리 재능이 있고 유명하다고 해도 이런 능력을 보여줄 사람이 어디에 있습니까? 더욱이 이들은 죽은 지 오래되었는데도 예수님 앞에서 살아 있었습니다. 하나님은 하나님의 말씀으로 우리를 깎으셔서 완전한 보석이 되게 하십니다. 이것이 우리가 그리스도 안에서 가지고 있는 영광의 소망입니다.

우리가 처음 예수 믿을 때는 부족한 것이 너무 많습니다. 우리를 보석이라고 치면 너무 불순물이 많은 보석입니다. 그래서 하나님께서는 우리에게 말씀을 주셔서 흠도 티도 없는 완전한 보석이 되게 하셨습니다.

> 1:28, "우리가 그를 전파하여 각 사람을 권하고 모든 지혜로 각 사람을 가르침은 각 사람을 그리스도 안에서 완전한 자로 세우려 함이니"

우리에게 복음이 증거되고 우리가 그것을 받아들이는 순간, 우리는 잠서에서 금 원석이나 보석 원석이 됩니다. 그러나 보석의 성분만 있는 것이지, 너무 불순물이 많아서 그것으로 목걸이나 반지를 만들 수는 없습니다. 그래서 금은 녹여야 하고 보석은 깎아야 합니다. 이 녹이고 깎는 과정이 바로 하나님의 말씀으로 가르치는 것입니다. 그래서 "그리스도 안에서 완전한 자"라는 것은 완전한 보석을 말합니다. 우리는 이 세상에서 보석이 되어야 하는 것입니다.

> 1:29, "이를 위하여 나도 내 속에서 능력으로 역사하시는 이의 역사를 따라 힘을 다하여 수고하노라"

즉 교인들을 보석으로 만드는 일은 우리 힘으로는 할 수 없습니다. 우리 안에 하나님이 주신 성령이 말씀으로 사람들을 깎아서 보석이 되게 하는 것입니다. 그러나 우리가 그냥 있으면 교인들은 잡석이나 쓰레기로 남게 됩니다. 우리가 성령께서 주시는 “힘을 다하여 수고”할 때, 즉 하나님의 말씀을 깊이 연구하고 가르칠 때 보석이 되는 것입니다. 이 세상의 가장 큰 부자는 반도체나 자동차나 시계를 만드는 사람이 아니라 잡석과 같은 사람을 완전한 보석으로 만드는 사람입니다. 우리 모두는 이런 보석이 다 되시기 바랍니다.

06

숨은 보배

골 2:1-7

세상의 모든 보석이나 보물은 땅속 깊은 곳에 감추어져 있습니다. 그래서 누구든지 그 보석들을 캐내어서 부자가 되려고 하면 일단 보석이 묻혀 있는 곳을 찾아야 하고, 장비를 가지고 바위를 깨고 땅속으로 들어가서 그곳에 있는 보석을 캐내어야 합니다. 석유도 바닷속이나 사막의 땅속에 묻혀 있으므로 땅에 구멍을 뚫어서 석유가 있는지부터 소사해야 합니다. 그런 보석이나 보물을 캐내는 사람들은 누구나 부자가 될 수 있습니다.

그러나 또 다른 보석이 있습니다. 그것은 바로 지혜의 보석입니다.

이솝의 우화에 보면 여러 동물 이야기가 나오는데, 그 동물의 특성과 인간의 문제를 기가 막히게 연결해서 우리에게 교훈을 줍니다. 어떤 농장에 개와 수탉이 있는데, 이 둘은 어느 날 농장을 떠나서 넓은 세상을 구경하기로 했습니다. 그래서 농장을 떠나서 숲속으로 갔는데, 날이 어두워져 잠을 자야 했습니다. 그래서 수탉은 길옆에 있는 큰 나무의 가지 위에 올라가서 자고, 개는 나무 밑동에 있는 구멍에 들어가서 잠을 자게 되었습니다. 아침이 되자, 수탉은 농장에서 하던 버릇대로 큰 소리로 '꼬끼요!' 하고 울었습니다. 그랬더니 그 옆을 지나가던 여우가 오늘 아침 식사로는 저 수탉을 잡아먹으면 좋겠다고 생각했습니다. 그래서 꾀를 부려 수탉에게 "어떻게 목소리가 그렇게 청아하고 아름답소? 오늘 아침에 우리 집에 당신을 초청해서 그 멋진 소리를 다시 듣고 싶소"라고 입바른 말을 했습니다. 그러면서 여우는 수탉에게 나무에서 내려오라고 했습니다. 수탉은 여우에게 내가 나무에서 내려가는 것보다는 당신이 나무에 올라오는 것이 좋을 것 같다고 하면서 나무 밑에 보면 여기로 올라오는 구멍이 있는데 거기로 들어오라고 했습니다. 여우는 신이 나서 그 구멍으로 뛰어 들어갔는데, 그곳에 있던 개가 자고 있다가 깨어나서 여우를 물어 죽였습니다. 여우는 수탉을 잡아먹는 것만 생각했지, 자기가 개에게 물려 죽는 것은 생각하지 못했던 것입니다.

이솝 우화가 서구 사람들에게 미친 영향은 말로 표현할 수 없습니다. 지금도 어린이들에게 가장 인기가 있는 이야기는 이솝 우화일 것입니다. 이솝은 원래 노예였는데, 주인은 이솝을 팔려고 하다가 너무 이야기를 재미있게 하는 것을 보고 그 재주가 아까워서 자유를 주었다고 합니다. 이솝은 자유인이 된 후 그리스에서 내려오는 유익한 우화들을 전부 다 수집해서 우화집을 만들었던 것입니다. 이솝 우화를 보면 동물들의 특징을 잘 연구해서 그것을 인간 생활의 지혜로 연결한 것을 볼 수 있습니다. 두루미와 여우의 이야기, 사자와 생쥐의 관계, 고기를 물고 개천을 건너다가 자기보다 더 큰 고기를 물고 있는 개를 보고 뺏으려고 짖다가 고기를 놓친 이야기, 토끼와 거북이의 경주와 같은 정말 무수한 이야기들을 수집해서 우리에게 들려주고 있습니다.

거기에 비해 동양에서 가장 큰 영향을 준 책이 있다면 사마천의 《사기》라고 생각합니다. 사마천은 흉노족에게 패한 친구를 구하려고 애쓰다가 왕의 미움을 사서 고환이 잘리는 형벌을 받아 성불구자가 됩니다. 그래서 그는 정말 볼품없는 사람이 되고 말았습니다. 그는 여러 번 자살하려고 생각도 했지만, 어떤 사람의 죽음은 아주 가치가 있고 어떤 사람의 죽음은 너무 형편없는 것을 보고 '왜 같은 죽음이 이렇게 다른가?'를 생각하게 되었습니다. 그리고 그가 내린 결론은 삶이 위대한 사람은 죽음도 무겁고, 삶이 형편없는 사람은 죽음도 가볍다는 것이었습니다. 그래서 그는 가치 있는 삶을 살기 위하여 중국의 역사를 연구해야겠다고 생각해서 수없이 많은 여행을 하고 실제 자료를 수집해서 방대한 양의《사기》를 완성했습니다. 그《사기》의 특징은 자기가 반드시 어떤 곳을 방문하고 나서 역사를 사실에 근거해서 썼다는 것과 그 역사의 기록 밑에 자신의 평가를 덧붙였다는 것입니다. 중국 사람들은 중국에 사마천이 없었더라면 중국의 역사는 반 이상이 없어졌을 것이라고 평가하고 있습니다.

궁극적으로 우리 인생에게 가장 중요한 것은 우리가 어떻게 하나님께로 가느냐 하는 것입니다. 만약 우리 인간이 하나님을 모르고 살다가 죽는다면 그 인생은 그야말로 벌레와 같이 의미가 없을 것입니다. 우리가 하나님을 모르면 이 세상에 살아야 하는 이유 자체를 알 수 없을 것입니다. 그런데 우리는 하나님이 어디에 있고 어떻게 생겼는지도 모르는데 어떻게 하나님께 갈 수 있을까요? 다행스럽게 하나님이 그 길을 우리에게 마련해주셨습니다. 그 길은 바로 비밀이신 예수 그리스도입니다.

2절 끝에 보면 "하나님의 비밀인 그리스도를 깨닫게 하려 함이니"라고 했고, 3절에 "그 안에는 지혜와 지식의 모든 보화가 감추어져 있느니라"고 했습니다. 그리스도 안에는 모든 지혜와 지식의 보물이 감추어져 있습니다. 즉 예수 그리스도가 하나님의 보물을 여는 암호입니다. 우리는 어떻게 하나님의 암호를 열 수 있을까요?

1. 그리스도 안에 들어가기

경남에 가면 엄청나게 큰 자수정 동굴이 있습니다. 이 동굴은 일제강점기 때 발견되었다고 합니다. 어떤 사람이 땅이나 바위에서 자수정 조각이 자꾸 발견되는 것을 보고 그 근처 큰바위 산 안에 자수정이 많이 있을지도 모르겠다고 생각하게 되었습니다. 이런 생각이 이 사람에게는 하나의 모험이 되었습니다. 즉 자수정이 이 산에 많이 있다고 믿고 정부의 허가를 받아서 산을 파고 들어가는 길이 있고, 그렇지 않으면 발견된 자수정 조각을 무시하고 그냥 그대로 살아가는 것입니다. 그러나 이 사람은 이 바위산 안에 자수정이 있다고 믿고 파고 들어가기 시작했습니다. 결국은 그 바위산에서 자수정을 몇십 자루나 캐내게 되었고 엄청난 부자가 되었습니다.

우리가 이 세상에서 부자가 되고 지혜 있는 사람이 되는 비결은 그리스도 안에 들어가는 것인데, 도대체 어떻게 해야 그리스도 안에 들어갈 수 있습니까? 그것은 예수님을 단순히 알기만 하는 것으로는 안되고 나의 주로 영접하고 인격적으로 주님을 만나는 체험이 있어야 합니다. 이것은 아기가 엄마의 뱃속에 태아로 있다가 태어나는 것과 같습니다.

교인 중에 아주 많은 사람이 어려서부터 교회를 다녔고 또 장로나 권사가 되었는데도 실제로는 예수님을 만나지 못했다가 나중에 어떤 계기가 있어서 자신의 죄를 발견하고 예수님을 자신의 구주로 영접했다는 이야기를 종종 듣게 됩니다. 그러면 이분이 예수님을 영접하기 전 어렸을 때부터 교회를 열심히 다니고 성경을 읽고 주일학교 교사도 하고 봉사한 행위는 아무 소용없는 것일까요? 그렇지는 않습니다. 이것은 마치 아기가 어머니 배 속에 있는 것과 같이 준비는 되어 있지만 아직 태어나지 못한 것과 같습니다. 즉 거듭나지 못한 것과 같습니다. 그러나 어느 순간에 정말 예수님이 나의 죄를 위하여 십자가에 못

박혀 죽으셨으며, 내 모든 죄가 씻겨졌다는 것이 전 인격적으로 믿어질 때가 있습니다. 이때 예수님이 내 죄를 위하여 십자가에 못 박히셨다는 것이 얼마나 생생한지, 마치 진짜 내 눈앞에 예수님이 십자가에 못 박히신 것 같고 두 손과 두 발에 못자국이 있는 것을 보는 것처럼 느껴질 때가 있습니다. 이때가 바로 거듭나는 것이고 예수님을 내 속에 구주로 영접하는 순간입니다.

찰스 스펄전은 어렸을 때 아버지가 개척 교회를 목회하러 가시면서 할아버지 목사님 집에서 자라게 됩니다. 할아버지 목사님은 그 시대 마지막 청교도였고, 그의 서재에는 청교도 책들로 가득 차 있었습니다. 스펄전은 거기서 삽화가 그려져 있는 존 번연의《천로역정》을 백번 이상 읽었다고 합니다. 그는 또래 어린이들과 교회 놀이를 하면서 놀았고 목사님 흉내를 많이 내었다고 합니다. 그러나 그는 청소년이 되었을 때 신앙 문제로 고민을 많이 하게 됩니다. '정말 하나님은 계실까? 정말 예수를 믿기만 하면 구원을 얻을까? 구원을 얻기 위하여 내가 해야 할 일은 무엇일까?' 그러다가 스펄전은 그 도시에 있는 모든 교회를 다 다녀보기로 결심했는데, 그래도 확신이 들지 않으면 신앙을 버리려고 생각했습니다. 그러나 그는 어느 날 눈이 엄청나게 쏟아져 먼 곳에 있는 교회까지 갈 수 없어서 집 가까운 데 있는 작은 교회를 찾아가게 됩니다. 그런데 그 교회의 목사님도 눈이 많이 와서 오시지 못했습니다. 그래서 어쩔 수 없어서 양복점에서 양복 만드시는 집사님이 설교하게 되었는데, 제목이 '주를 바라보라' 였습니다. 그 집사님은 설교를 조금 하다가 밑천이 떨어지고 말았습니다. 그래도 그 집사님은 스펄전을 보고 "청년이여, 너는 고민하고 있다. 주를 바라보라. 주를 바라보라!"고 하며 계속 설교했습니다. 그때 스펄전은 위를 바라보았는데, 그때 주님이 그의 마음에 들어오신 것을 확신할 수 있었다고 합니다.

존 웨슬리 같은 경우에는 옥스퍼드대학을 다닐 때 홀리클럽을 만들어서 구제도 하고 금식도 하고 교도소 전도도 하며 활발하게 활동하였지만, 구원의 확신이 없었습니다. 그 이후 그는 신대륙의 조지아주에 가서 인디언 선교를 하기도 했지만 실패하고 영국에 돌아와서 모라비안 형제들이 모여 성경을 읽고 기도하는 모임에 갔다가 누군가 마틴 루터의 로마서 서문을 읽을 때 그의 마음이 뜨거워지고 주님이 자기 죄를 다 사하셨다는 확신이 들었다고 고백했습니다.

마틴 루터는 천국에 갈 자신이 없었습니다. 그의 아버지는 루터에게 법대에 가서 변호사가 되라고 했습니다. 그러던 어느 날 집으로 가다가 갑자기 번개가 치고 천둥이 치는데 그는 너무 두려워서 "성 안나시여, 나는 수도사가 되겠나이다"라고 서원했다고 합니다. 그러나 그는 수도사가 되고 금식 기도를 하고 철저하게 신앙생활을 해도 만족이 없었고, 로마에 수도원 대표로 가서 빌라도의 계단을 무릎 꿇고 오르면서 기도해도 만족이 없었습니다. 그래서 그의 스승은 루터가 너무 자기 자신을 괴롭힌다고 생각해서 학생을 가르치며 지내면 좀 나아질까 해서 그를 비텐베르크 대학 교수로 보냅니다. 루터는 거기서 학생에게 가르치기 위하여 시편을 연구하고 로마서와 갈라디아서를 연구하는 가운데 예수님이 자신의 마음속에 오신 것을 알게 되었습니다.

사람이 아기를 낳으려고 하면 먼저 아기를 배어야 합니다. 마찬가지로 우리가 예수님을 나의 주로 영접하려고 하면 오랫동안 신앙을 배고 있어야 합니다. 물론 그 기간은 사람마다 다 다를 수 있습니다.

2:1-2, "내가 너희와 라오디게아에 있는 자들과 무릇 내 육신의 얼굴을 보지 못한 자들을 위하여 얼마나 힘쓰는지를 너희가 알기를 원하노니 이는 그들로 마음에 위안을 받고 사랑 안에서 연합하여 확실한 이해의 모든 풍성함과 하나님의 비밀인 그리스도를 깨닫게 하려 함이니"

우리가 여기서 알 수 있는 것은 골로새 교인이나 바로 옆에 있는 도시인 라오디게아 교인은 사도 바울이 직접 전도한 사람들이 아니라는 사실입니다. 그리고 그 주위에 있는 히에라폴리스라든지 더 북쪽에 있는 많은 지역의 그리스도인들도 사도 바울이 직접 전도한 사람들이 아니었습니다. 이들은 사도 바울이 에베소에 있는 두란노 서원에서 성경을 가르칠 때 은혜받았던 사람들이 그곳까지 가서 복음을 전해서 예수 믿게 된 사람들이었습니다. 물론 사도 바울은 자신에게 은혜받아서 전한 사람들의 복음을 의심하는 것은 아니었습니다. 그러나 사도 바울이 처음 에베소에 왔을 때 성령 받지 못하고 예수 믿는 사람들을 많이 만나게 되었습니다. 그래서 사도 바울은 그들에게 "너희가 처음 예수 믿을 때에 성령을 받았느냐?" 고 물으니까 그들은 "성령이 있는 줄도 알지 못한다" 라고 대답했습니다. 그래서 사도 바울은 다시 그들에게 예수님의 이름으로 세례를 주고 안수 기도를 했을 때 성령 받지 못하고 믿는 자들에게 성령이 임하게 되었습니다(행 19:1-7).

사도 바울은 이런 체험이 있었으므로 골로새나 라오디게아나 여러 곳의 성도들이 성령 체험 없이 예수를 믿을 수 있다고 생각했습니다. 그래서 사도 바울은 자기가 만난 적이 없는 이 교인들을 위해서 얼마나 힘쓰는지 그들이 알기를 원한다고 했습니다. 그것은 다른 말로 표현하면, 그들은 모두 그리스도 안에 임신은 했지만 아직 거듭나는 체험이 없는 사람이라는 것입니다. 그래서 사도 바울은 더 강한 성령의 빛이 그들에게 임하여서 자신의 죄를 발견하고 진정한 회개를 함으로 거듭나기를 바랐던 것입니다.

우리가 하나님을 만나려면 먼저 그리스도 안에서 거듭나는 체험이 있어야 합니다. 그렇게 하려면 가장 먼저 하나님의 말씀이 마음에 비쳐야 합니다. 즉 하나님의 말씀을 귀로만 듣는 것이 아니라 마음으로 듣는 것입니다. 그리고 그의 마음에 성령의 빛이 비쳐야 합니다.

일단 성령의 빛이 비치면 자신의 모든 것이 죄 덩어리라는 사실을 깨닫게 됩니다. 자신이 피조물이면서 하나님처럼 살아왔고 어렸을 때부터 지금까지 살아온 모든 것이 죄라는 사실을 깨닫게 됩니다. 그때 엄청나게 고민하고 갈등을 겪지만 그때 예수님의 십자가가 보이고 예수님의 못 자국 난 손과 발이 보이게 됩니다. 그전까지는 자기 힘으로 하나님의 계명을 지키려 하고 선한 일을 하려고 했습니다. 그러나 이제 자기가 얼마나 큰 죄인인가 하는 것을 깨닫고는 두 손 두 발 다 들고 예수님 앞에 항복하게 됩니다. 그때 그는 그리스도 안에 들어가게 되고 새 사람으로 거듭나게 됩니다.

2. 지혜와 지식의 보물

우리에게도 가장 이해 안 되는 것이 어떻게 성경이 보물이 될 수 있는가 하는 점입니다.

예수님은 하나님의 말씀을 밭에 감추인 보화로 비유하면서, 그 보화를 발견한 자는 자기 재산을 다 팔아서 그 밭을 샀다고 했습니다(마 13:44). 그리고 사도 바울은 우리 같은 질그릇 속에 보화가 가득 들어 있다고 했습니다. 성경은 우리에게 보물이고 지혜이며 능력이라고 말씀하고 있습니다. 본문 3절에도 "그리스도 안에는 지혜와 지식의 모든 보화가 감추어져 있다" 고 했습니다.

우리가 성경을 보면 우선 스케일 자체가 방대한 것을 볼 수 있습니다. 성경 안에는 우주가 있고 바다가 있고 광야가 있습니다. 또 호수도 있고 재앙도 있고 전쟁도 있고 많은 영웅도 나타나고 있습니다. 우선 하나님의 말씀이 솔로몬에게는 돈이나 재물인 것은 틀림없었습니다. 왜냐하면 스바 여왕은 솔로몬의 지혜를 듣기 위해서 금 대략 8톤을 가지고 와서 바쳤기 때문입니다. 나아만은 자신의 한센병 치료를 위해 엘리사에게 금 6천 개와 은 2달란트 그리고 최고급 명품 옷 열 벌을 바치려고 했습니다. 그러나 엘리사는 그것을 받지 않았습니다. 또 성경 말씀이 능력인 것도 맞습니다. 모세와 이스라엘 백성은 홍해를 앞두고 죽을 수밖에 없었는데 하나님의 말씀에 순종했을 때 홍해가 갈라졌습니다. 히스기야는 앗수르 군대에 포위되었을 때 기도함으로 앗수르 군대 십팔만 오천 명을 죽여버립니다.

성경이 지혜일 수 있습니까? 물론 우리는 성경을 읽는다고 해서 세상의 전문적인 지식을 가지는 것은 아니지만 죄의 결과는 사망이라는 사실을 압니다. 그래서 아무리 돈이 많고 세상 지위가 높아도 죄의 결과는 사망입니다. 하나님의 백성은 죄의 결과가 당장은 행복하게 해줄지 모르지만 나중에 얼마나 더럽고 추악한지 알기 때문에 죄의 유혹에 넘어가지 않습니다.

예수님은 이 세상에서 가장 가치 있는 것이 무엇인지 말씀하십니다. 그것은 바로 한 영혼입니다. 예수님은 한 영혼의 가치가 온 세상과도 바꿀 수 없는 것이라고 말씀하셨습니다. 그래서 이 세상에서 가장 가치 있는 장사를 하는 사람은 영혼을 건지는 일을 하는 사람입니다.

사도 바울은 우리 예수 믿는 자들이 모인 교회가 성전이라고 했습니다. 성전은 기도가 응답되고 기적이 일어나는 곳입니다. 교회가 하나님의 말씀으로 가득 차게 되면 자꾸 기적이 일어나고 병이 낫고 기도가 응답 됩니다. 그러나 세상은 마귀의 불로 모든 것을 다 태우고 있습니다. 우리 인간의 힘으로는 마귀의 불을 끌 수 없습니다. 우리는 음란의 불, 동성애의 불, 스트레스의 불이나 정치적인 불의와 거짓말의 영을 이길 수 없습니다. 그러나 교회 안에서 기도가 가득하게 되면 불이 붙게 되는데, 이때 맞불로 부흥이 일어나면서 사탄의 불은 꺼지게 됩니다. 하나님의 부흥의 불은 마귀의 불을 다 꺼버리고 새로운 세상이 오게 합니다. 그리고 성경은 우리가 반드시 사망을 이기고 예수님처럼 부활할 것이라고 말씀합니다. 우리 모두에게는 새로운 한 번의 인생이 더 있는 것입니다.

> 2:4-5, "내가 이것을 말함은 아무도 교묘한 말로 너희를 속이지 못하게 하려 함이니 이는 내가 육신으로는 떠나 있으나 심령으로는 너희와 함께 있어 너희가 질서 있게 행함과 그리스도를 믿는 너희 믿음이 굳건한 것을 기쁘게 봄이라"

이 당시 소아시아에는 복음이 전파되었지만 이단적인 사상도 전파되었습니다. 이 이단 사상은 그리스의 방탕한 사상, 밀교라는 음탕하고 비밀스러운 사상, 그리고 그리스의 철학을 가지고 기독교를 재해석한 사상들이 마구 섞인 것인데, 굉장히 복잡하고 방탕한 지식인 것 같았습니다. 그래서 여기에 속아 넘어가는 자들이 많이 있었는데, 사도 바울은 그런데 속지 말라고 했습니다. 오직 그리스도인들은 "질서 있게 행하라"고 했습니다. 이것은 군인들처럼 명령에 복종하여 일사불란하게 움직이는 것을 말합니다. 우리가 하나님의 말씀을 들으면 자기가 할 일을 알아서 하기 때문에 잔소리하거나 야단칠 필요가 없어지게 됩니다.

3. 뿌리 내림과 세워짐

나무에게 가장 중요한 일은 뿌리를 내리는 것입니다. 소나무를 옮겨 심는 경우 잔뿌리들이 다쳐서 병들거나 죽기가 쉽습니다. 그래서 옮겨 심은 나무는 영양제 주사를 놓아주어야 하고 매일 물을 주어야 합니다. 우리는 하나님 나라 안에 옮겨진 나무와 같습니다. 그래서 우리에게 중요한 것은 흔들리지 않도록 뿌리를 땅속에 깊이 박는 것입니다. 뿌리가 약한 나무는 큰바람이 오면 뿌리째 뽑혀버리는 것을 보게 됩니다. 세상에 뿌리를 내리면 태풍이 불 때 뽑히게 됩니다. 우리는 하나님의 말씀에 깊이 뿌리를 내려야 합니다. 그리고 하나님의 진액을 매일 받아서 전신에 공급해야 합니다. 그래야 좋은 열매를 맺을 수 있습니다. 그리고 우리는 또한 건물과 같습니다. 건물이 높이 올라가려면 기초가 튼튼해야 합니다.

우리는 그리스도를 주로 받았으니 모든 것을 그리스도 안에서 행해야 합니다. 즉 우리는 믿음으로 해야지, 인간의 열심이나 돈으로 하나님의 일이나 자신의 일을 하면 안 됩니다. 우리는 믿음에 굳게 서서 어떤 시련이 와도 흔들리지 말아야 하고 하나님께 감사를 넘치게 해야 합니다. 우리는 감사할 것밖에 없기 때문입니다. 우리는 살아 있는 것이 감사합니다. 우리는 믿음을 가지고 있는 것이 감사합니다. 하나님이 우리와 늘 함께 해주시고 지켜주셔서 감사합니다.

07

그리스도인과 세상

골 2:8-12

어느 나라나 어느 도시를 가더라도 나름대로 미신이 다 있는 것을 볼 수 있습니다. 그래서 그런지 학교 교육과는 별도로 미신을 먼저 배우게 됩니다. 예전에 저희 교회에 남녀 청년이 서로 사랑해서 결혼하려고 했습니다. 그런데 양가 부모들이 이들의 사주를 보고는 사주가 맞지 않아서 절대로 결혼할 수 없다고 반대해서 결혼하지 못하게 되었습니다. 이 청년들은 저를 찾아와서 상담했습니다. 저는 오늘 같은 시대에 청년들이 사랑하는 사람과 결혼해야지, 사주를 보고 결혼하면 되느냐고 하면서 부모님들이 섭섭하지 않도록 시간을 두고 설득해서 결혼을 하라고 조언했습니다. 그들은 제 말을 듣고 기뻐하면서 돌아갔는데 아마 그 후에 결혼한 것으로 알고 있습니다.

또 1년 중에 길일(吉日)이라는 것이 있는 모양입니다. 예수를 믿든지 안 믿든지 간에 길일이 되면 예식장이 미어터지고 또 이사를 하느라고 온종일 이삿짐 차가 거리를 누비는 것을 보게 됩니다. 물론 그런 날은 제주도나 인천공항이 신혼부부들로 바글바글하는 것을 보게 되는데, 이것을 보면 사람들이 얼마나 미신에 빠져 있는지 모릅니다.

미국에 박사 공부하러 가면서 몸 안에 부적을 넣어가는 사람도 있습니다.

일본에는 신사가 유명합니다. 그래서 일본에 가면 절보다 신사가 더 많습니다. 한때 우리나라에도 일본의 남묘호렌게쿄가 유행했는데, 남묘호렌게쿄를 자꾸 반복해서 부르면 복이 온다는 불교 계통의 종교였습니다. 그래서 동네마다 여러 집에서 '남묘호렌게쿄'를 부르는 집들이 있었습니다.

미국에서도 할로윈데이에는 모두 이상한 가면을 쓰고 옷을 입고 거리에 나와서 춤도 추고 다니며, 아이들은 집집마다 돌면서 사탕이나 과자를 얻곤 합니다. 어떤 사람은 흉측한 프랑켄슈타인의 가면을 쓰기도 하고 해골 가면을 쓰기도 합니다. 그런데 저는 아직 할로윈데이를 왜 하는지 모릅니다. 할라윈데이는 죽은 사람들이 땅 위에 올라와서 축제하는 날인 것 같습니다.

우리나라도 미신적인 행사가 많았습니다. 정월대보름이 되면 할머니가 저를 데리고 절에 가셨는데 큰 볏단이나 소나무 가지 같은 것을 꺾어서 쌓아놓고 거기를 돌면서 소원을 이야기하곤 했습니다. 그리고 부산에서 살았을 적에 달맞이를 한다고 하면서 해운대의 달맞이고개와 바닷가에 사람들이 빽빽하게 서서 달이 떠오르는 것을 구경하는 모습을 본 적이 있습니다.

저희 교회에 드라마를 전공한 자매가 있습니다. 처음에는 탈춤 같은 것이 일종의 드라마이니까 그것을 중심으로 논문을 쓰려고 했는데, 조금 깊이 들어가니까 한국 드라마의 원조는 굿이더라는 것입니다. 즉 무당이 칼춤을 추면서 주문을 외우는 데서부터 한국 드라마가 시작되었다는 것입니다. 그리고는 귀신 이야기였습니다. 그래서 〈전설따라 삼천리〉 같은 프로그램을 보면 여자들이 억울하게 자살하고는 한을 품고 해치려 덤벼든다는 것입니다.

그리스 사람들에게는 그리스 신화가 있는데, 그들은 올림포스산

위에는 신들이 사는 곳이 있었다고 믿었습니다. 그리고 그 신들 중에는 디오니소스라는 포도 농사의 신이 있었는데, 사람들이 그 신을 경배하는 때가 되면 남자나 여자나 모두 포도주에 취해 몰려다니면서 난동도 부리고 사람을 죽이기도 했습니다. 거기에서 더 발전한 것이 밀교인데, 이는 정말 비밀스러운 종교였습니다. 아마 제 생각에는 여기에 가입하려면 피도 마시고 절대적인 명령에 복종해야 하고 회원이 누구인지 또 무엇을 하는지도 절대 비밀이었던 것 같습니다.

유대인들도 구약 성경만 가르치면 되는데, 미쉬나나 탈무드 같은 것을 가르쳤을 뿐 아니라 예루살렘 멸망을 중심으로 예루살렘이 포위된 날, 공격당한 날, 함락된 날 등을 기념하여 모두 금식했고, 그 외에도 이방 종교와 믹스가 되어서 태양신을 섬기고 날짜를 지키고 여신들을 숭배하는 의식까지 있었던 것입니다.

1. 세상의 초등학문

우리나라 어린이들이 학교에 들어가면 가장 먼저 자기 이름 쓰는 것을 배우고 이어서 구구단을 배우게 됩니다. 그러나 옛날에는 어렸을 때 '소학' 이나 '천자문' 을 배웠습니다. 그러다가 조금 더 크면 '논어' 같은 사서삼경을 배웠습니다. 그러나 그것과 별도로 사람들은 관상이나 주역, 풍수지리 같은 것을 배우고 믿었습니다. 그래서 새로 집을 짓거나 무덤을 팔 때는 풍수지리 하는 사람들이 와서 방향이나 위치를 정해주었습니다.

사도 바울은 골로새 교회에 이런 미신적인 교훈이나 풍습이 많이 들어온 것을 알게 되었습니다. 그래서 그는 우리가 복음을 들었으면 되었지, 왜 세상의 미신까지 믿느냐고 그들에게 책망했습니다.

2:8, "누가 철학과 헛된 속임수로 너희를 사로잡을까 주의하라 이것은 사람의 전통과 세상의 초등학문을 따름이요 그리스도를 따름이 아니니라"

여기서 우리에게 궁금한 것은 '철학'과 '헛된 속임수'와 그리고 '세상의 초등학문'이 무엇이냐 하는 것입니다. 그리스에서는 원래 철학이 발달했습니다. 그래서 처음에는 우주가 물로 되었느냐, 불로 되었느냐, 원자로 되었느냐, 수소로 되었느냐 하는 기원설로 유명한 철학자들이 있습니다. 이것을 소크라테스는 인간론으로 관심을 돌리게 했습니다. 그러나 이때 사람들은 이미 델로스 신전의 신탁을 거의 절대적으로 믿었고 신화를 믿었으며 철학을 공부해야 지식인이 된다고 믿었습니다.

그런데 성경은 절대로 세상 학문이 쓸데없다고 부정하지는 않습니다. 그러나 우리가 어렸을 때 배우는 것 중에 미신적인 것들이 많이 있습니다. 때로는 이런 미신과 기독교 신앙이 충돌을 일으켜서 기독교인들이 혼란을 겪는 일들이 있었던 것입니다.

소크라테스는 인간이 무엇이며 도덕이 무엇이냐 하는 문제로 한평생 고민했습니다. 그리고 플라톤은 인간은 이데아의 세계에 노날해야 완전해지게 된다고 주장했습니다. 거기서 더 나아가서 그리스 신화를 믿는다든지 디오니소스 종교같이 포도주의 신을 믿는다든지 밀교나 이상한 별자리 같은 것을 믿는 행위를 초등학문이라고 한 것입니다. 그래서 사도 바울이 초등학문을 믿지 말라고 한 것은 초등학교를 다니지 말라는 뜻이 아닙니다. 그것은 우리가 어려서부터 배우는 미신을 따르지 말라는 뜻입니다. 그리스 사람들은 비극을 아주 좋아했고 비극을 가지고 모든 것을 해석하려고 했고 별자리의 운명을 믿었습니다. 그래서 지금도 서양 사람들은 무슨 별자리에서 태어났느냐고 묻습니다.

아마 그 당시 사람들은 플라톤의 "철학" 정도는 알아야지 지식인 행세를 할 수 있었던 것 같습니다. 그래서 플라톤의 철학과 성경을 억지로 맞추려고 했는데 딱 맞는 것이 요한복음에 나오는 '로고스'와 플라톤의 '로고스'입니다. 그리고 잠언에 나오는 '지혜'가 플라톤이 말하는 '이데아'와 같은 것이라고 주장하기도 합니다. 그러나 성경 말씀을 철학으로 해석하면 성경이 완전히 왜곡되게 됩니다. 현대에 와서는 칼 바르트라는 신학자가 성경을 키르케고르의 철학으로 해석했습니다. 그리고 성경 해석학에 있어서는 가다머라든지 하이데거의 해석학을 받아들였습니다. 그러니까 기독교가 너무 어려워지고 일반 사람들은 성경의 뜻을 바로 알 수 없게 되었습니다.

그리고 "헛된 속임수"는 무엇입니까? 초대 교회 당시 성경과 비슷한 문서가 굉장히 많이 만들어졌습니다. 그래서 이상한 도마 복음서 같은 것도 있고 가룟 유다 복음서 같은 것도 있고 요한 계시록 외에 다른 사람의 계시록도 있었던 것입니다. 그래서 결국 종교회의를 통해서 이 많은 문서 중에서 성경적인 권위를 가진 '정경'을 정하게 됩니다.

"초등학문"은 어렸을 때부터 배우는 종교적인 미신을 말합니다. 우리로 치면 토정비결이나 풍수지리 같은 것을 말합니다. 사도 바울은 이런 것을 믿는 것은 예수님을 따르는 것이 아니라 세상의 미신을 따르는 것이라고 했습니다.

한때 인기를 끌었던 《다빈치코드》라는 책이 있습니다. 거기서 저자는 예수님의 〈최후의 만찬〉 그림에서 수염이 없는 사람은 막달라 마리아라고 주장했고 그 사실을 아는 비밀 단체가 있다고 했습니다. 그런데 그 말을 들으면 그럴듯합니다. 또 가룟 유다 복음서 같은 것을 보면 예수님과 가룟 유다가 배신하기로 약속했다는 것입니다. 그것이 옛날 문서에 나오고 또 하버드 여자 교수가 그런 연구를 발표하기도 했습니다. 이런 것은 예수님을 따르는 것이 아니라 인간의 미신을 따르는 행동입니다.

2. 그리스도 안의 충만

우리는 할 수만 있으면 이 세상의 지식인이 되기를 바랍니다. 그래서 한때 영국 철학자 버트란드 러셀의《나는 왜 기독교인이 아닌가?》라는 책이 큰 영향을 미친 적이 있습니다. 그러나 그 책을 읽어보면 수준이 형편없이 낮은 것을 볼 수 있습니다. 러셀은 기독교인들이 예수를 믿으면 자기들끼리만 믿을 것이지 왜 다른 사람에게 믿으라고 귀찮게 하느냐고 비방하고 있습니다. 그리고 신이 있느냐 하는 문제에 대해서도 중세 때 철학자들이 논쟁한 내용을 가지고 비판하고 있습니다.

그리스도는 놀라운 분이십니다. 예수 그리스도는 하나님 아버지와 똑같은 분이십니다. 하나님은 태양의 수억만 배 되는 불이십니다. 예수님도 마찬가지입니다. 그러나 아들은 자신의 온도를 인간의 온도로 낮추셨습니다. 그리고 성령에 의해서 여자의 몸 안에 태아로 임신이 되셨는데, 예수님 안에는 천국의 모든 능력이 다 들어 있었습니다.

2:9, "그 안에는 신성의 모든 충만이 육체로 거하시고"

예수님의 몸 안에는 하나님 나라의 모든 지혜와 능력과 축복이 다 들어 있었습니다. 그래서 예수님의 옷자락을 만진 자마다 병이 나았고, 예수님이 안수한 맹인은 눈을 뜰 수 있었습니다. 그리고 예수님의 두 손과 두 발이 못에 박힐 때 성전 안에 있던 휘장이 위에서부터 아래로 갈라지면서 예수님 안에 있던 천국이 우리에게 쏟아지게 되었습니다. 예수님께서 죽음에서 부활하심으로 그분이 하나님의 아들이신 것과 죽음을 이기신 만왕의 왕이신 것이 증명되었습니다. 예수님은 그 몸 안에 하나님 나라의 모든 복과 하나님의 지혜와 능력을 가지고 오셔서 우리에게 부어주셨습니다.

그러면 우리는 어떻게 됩니까?

2:10, "너희도 그 안에서 충만하여졌으니 그는 모든 통치자와 권세의 머리시라

우리도 예수님을 믿음으로 예수님처럼 충만하여졌습니다. "충만"이라는 것은 무엇인가가 꽉 차 있는 것을 말합니다. 즉 그리스도 안에는 하나님의 지혜와 능력이 꽉 차 있습니다. 그런데 그냥 꽉 차 있는 정도가 아니라 흘러넘치기까지 합니다. 이것은 우리에게도 마찬가지입니다. 우리가 부활하신 예수님과 똑같이 된 것입니다. 즉 우리 안에도 하나님의 나라가 충만해지고 교회 안에 하나님의 능력이 충만해지게 된 것입니다. 그래서 그리스도 안에 있는 하나님의 능력이 교회나 우리 그리스도인들 안에 꽉 차게 됩니다. 그래서 기도만 하면 능력이 나오고 설교만 하면 기적이 일어나야 하는 것입니다.

예수님은 "통치자와 권세의 머리"라고 하셨습니다. 우리 눈에는 정치인이나 권력자들만 보이지만, 사실 통치자와 권세를 가진 자들은 눈에 보이지 않는 천사들이 지배하고 있습니다. 그런데 그리스도는 그 천사들의 왕이신 것입니다. 그러나 우리는 너무 미련하여서 그런 것이 하나도 보이지 않습니다. 그런데 정치나 권세가 사람의 뜻대로 되지 않는 것을 보면 참 신기합니다. 어떤 사람이 모든 세력을 다 잡은 것 같은데 이상하게 생각하지도 않던 비리가 터지면서 자리가 흔들리거나 나중에는 힘을 잃게 됩니다. 이것은 모두 다 정치와 권력을 쥐고 있는 천사들이 하는 일입니다. 지금 우리나라는 정치계나 스포츠계에서도 난리이고 코로나 방역 분야에도 나라가 갈팡질팡하고 있

습니다. 이 모든 것이 통치자와 권세를 맡은 천사가 흔들어대는 것입니다.

3. 그리스도인의 할례

아마 그 당시 골로새 교인 중에도 열성 유대인들의 할례당이 와서 예수만 믿어서는 안 되고 할례도 받아야 한다고 주장했던 것 같습니다. 사실 이번 코로나 사태에서도 은근히 백신 맞은 자와 맞지 않은 자를 차별해서 대하고 있습니다. 그래서 교회에서도 백신을 100% 맞은 교회는 성도들이 70%까지 들어와도 되지만 단 한 명이라도 맞지 않은 사람이 있는 교회는 30%의 성도만 예배드릴 수 있었다고 합니다. 세상에 이런 법을 가진 나라가 어디에 있습니까? 이 세상에 단 한 명이라도 맞지 않은 사람이 있는 곳이 어디에 있습니까? 그리고 교회를 얼마나 우습게 알고 유치하게 생각했으면 그런 것도 법이라고 만드는 것입니까?

우리도 최근에 코로나가 퍼지면서 서로 만나면 자연스럽게 백신 주사를 맞았느냐, 맞지 않았느냐 묻습니다. 그리고 백신을 다 맞은 사람은 은근히 자랑스럽게 생각하기도 합니다. 또 백신 접종을 하지 않은 사람은 은근히 많은 불이익을 주기도 합니다. 그런데 옛날 골로새 교회에서는 이러한 것이 심했던 것 같습니다. 아예 공적인 교회 예배에서 할례를 받아야 한다고 설교하기도 하고, 할례받은 사람들과 받지 않은 사람들이 갈라졌던 것 같습니다.

그러나 사도 바울은 진짜 할례가 무엇이냐로 설명하고 있습니다. 즉 진짜 할례는 손으로 하는 할례가 아니라, 손으로 하지 않는 '그리스도의 할례' 라고 주장하고 있습니다.

2:11, "또 그 안에서 너희가 손으로 하지 아니한 할례를 받았으니 곧 육의 몸을 벗는 것이요 그리스도의 할례니라"

원래 할례는 인간의 부정한 본성을 잘라내는 표시였고, 하나님의 백성이라고 인 치는 것이었습니다. 그래서 하나님께서는 이스라엘 백성에게 반드시 할례를 받아야 한다고 말씀하셨습니다. 그러나 할례는 "육의 몸을 벗는 것"이라고 했습니다. 이것은 육신의 일부를 잘라내는 것을 말합니다. 그러나 우리가 육신의 일부를 잘라낸다고 해서 혈기나 정욕이 없어지거나 완전히 새사람이 되는 것은 아닙니다. 단지 이것은 하나님과 하나의 언약의 표시이고 결심입니다.

그러나 우리는 유대인의 할례보다 더 강한 표징을 가지고 있습니다. 그것은 바로 "세례"입니다.

2:12, "너희가 세례로 그리스도와 함께 장사되고 또 죽은 자들 가운데서 그를 일으키신 하나님의 역사를 믿음으로 말미암아 그 안에서 함께 일으키심을 받았느니라"

물론 우리가 세례를 받을 때 이런 것을 다 체험하는 것은 아닙니다. 그러나 예수 믿으면서 예수님을 인격적으로 영접할 때 우리는 죽는 것입니다. 즉 나의 야망이나 생각이나 나의 종교관이나 인생관은 죽는 것입니다. 왜냐하면 그것으로는 우리가 완전해질 수 없기 때문입니다. 우리가 아무리 결심해도 결심만으로는 완전해질 수 없습니다. 우리는 예수님에게 자신을 맡기기 전까지 술 취한 사람이 차를 운전하듯이 여기 박고 저기 박고 하면서 살아왔습니다. 그때 우리는 이런 식으로 계속 살다가는 대형 사고를 치겠다는 생각이 들게 됩니다. 그래서 내가 운전자가 되어서는 나도 저런 인생을 살 수밖에 없다는 것을 깨닫고 예수님께 운전대를 맡깁니다. 그때 우리는 죽는 것입니다. 그러나 우리는 죽기만 하는 것이 아닙니다. 하나님께서 예수님을 살리신 것 같이 우리도 살리시는 것입니다. 우리는 예수님이 운전하시는 차의 조수석에 앉아 있는 것이 사는 길입니다. 사도 바울은 이것이 진정한 세례라고 말하고 있습니다. 즉 육신을 잘라내는 것이 아니라 내 삶의 주인을 바꾸는 것입니다.

본문에는 그리스도 안에 충만한 것이 우리 안에도 충만하다고 했는데, 우리가 자꾸 고갈되어 가는 이유는 어디에 있을까요? 그것은 어디에선가 그리스도의 충만이 새고 있기 때문입니다. 우리는 그것을 잘 찾아서 막아야 늘 그리스도로 충만하여질 것입니다. 그리고 세상의 미신과 사람들의 두려움을 따라가지 않기를 바랍니다.

08

십자가의 능력

골 2:12-15

미국의 그랜드 캐니언은 웅장하기로 유명합니다. 한국의 한 대학생이 거기서 사진을 찍다가 절벽에서 떨어져서 심하게 다치게 되었습니다. 머리도 깨어지고 척추나 다리도 다 부서졌습니다. 그 청년은 간신히 목숨은 건졌지만 향후 치료가 굉장히 어려웠습니다. 그 청년이 미국에서 수술하고 치료한다면 20억 원이 넘는 돈이 필요했습니다. 어쩔 수 없어서 한국에서 의사가 가서 응급 처치하고 한국에 데리고 온 후에 수술해서 살게 되었다고 합니다.

예전에 〈적과의 동침〉이라는 외국 영화가 있었습니다. 그 영화에서 남편은 편집증으로 자기 부인에게 너무 집착하고 폭행까지 했습니다. 부인은 남편이 사 주는 옷만 입어야 했고, 목욕탕에 있는 수건 한 장도 비틀어지게 걸리면 용납하지 않았습니다. 그 부인은 이 지옥 같은 곳에서 벗어나기 위하여 오랜 시간 준비했습니다. 그리고 그 부인은 남편에게 자기가 굉장히 물을 무서워한다고 말하면서 사실은 매일 수영장에 가서 수영 연습을 많이 했습니다. 하루는 강한 바람이 부는데도 남편은 부인을 억지로 요트에 태워서 바다로 데리고 나갔습니다. 그런데 거기서 부인은 바다에 빠져 행방불명이 되어버립니다. 남편은 부인을 찾았지만, 부인은 그때 헤엄을 쳐서 집으로 돌아갔습니다. 그러고 나서 머리카락을 자르고 염색한 후 결혼반지를 변기에 버리고 버스를 타고 도망쳐서 새로운 인생을 시작했습니다. 그런데 불행하게도 결혼반지가 변기 아래 걸려 내려가지 않았습니다. 남편은 처음에 부인이 바다에 빠져서 죽었다고 생각했는데 변기에 결혼반지가 있는 것을 보고 이상하게 생각했습니다. 그리고 부인이 오랜 시간 수영장을 다녔고 수영을 굉장히 잘한다는 사실을 알게 되었습니다. 그리고는 부인을 찾아다니기 시작했습니다. 나중에는 남편이 부인의 집을 찾아가 죽이려고 하다가 사고가 나서 먼저 죽는 바람에 부인은 남편의 집요한 올무에서 벗어나서 진정한 새 인생을 살게 된다는 내용입니다. 결국 그 집요한 남편이 죽어야 부인은 자유를 얻을 수 있었습니다.

사람의 병중에는 집요하게 몸 안에 붙어 있고 또 온몸에 퍼지기까지 하는 병이 있는데, 바로 암입니다. 요즘은 암이 너무 커지기 전에 즉 다른 세포로 전이되기 전에 수술하게 되면 얼마든지 완치될 수 있습니다. 병원에 가면 몸 안에 있는 암 덩어리나 종양 같은 것을 잘라냅니다. 옛날에는 복부를 갈라서 수술했지만, 지금은 기술이 개발되어서 구멍 두 개 뚫어서 한쪽에는 레이저를 넣고 다른 한쪽에는 내시경을 넣어서 너무나 간단하게 수술하기도 합니다. 그래서 이제는 대장암이라 해도 큰 수술을 받아야 하는 병은 아닙니다.

우리 인간은 모두 아주 높은 낭떠러지에서 떨어진 중환자와 같고, 집요한 남편의 통제를 받는 힘없는 부인과 같고, 몸 안에 암이 가득 퍼진 환자와 같습니다. 그러나 우리에게는 살리는 수술 도구가 있습니다. 그것은 바로 예수님의 십자가입니다. 십자가는 우리 안에 있는 썩은 피를 다 빨아들입니다. 그리고 예수님은 우리 안에 새로운 세포가 자라나게 하십니다.

골로새와 라오디게아와 히에라폴리스 등 골로새 부근 지역에 살았던 기독교인들은 사도 바울이 직접 전도한 사람들이 아니었습니다. 그들은 모두 사도 바울이 에베소에서 부흥을 일으켰을 때 많은 사람이 그 복음을 듣고 은혜를 받아서 소아시아에서 복음을 전하게 되는데, 그때 예수 믿게 된 사람들이었습니다. 그런데 그들이 그 도시에서 주로 들었던 복음은 예수님은 하나님의 아들이시며 죽으셨다가 다시 살아나셨다는 것이었습니다. 누구든지 예수를 하나님의 아들로 믿으면 멸망하지 않고 영생을 얻는다는 것이었습니다.

그런데 그들은 사도 바울이 가지고 있는 탁월한 복음을 다 듣지는 못했습니다. 그래서 우리가 어떤 과정에 의해서 죄로부터 벗어나며 그리스도와 함께 새로운 인생을 살게 되는가 하는 복음의 진리에서는 많이 부족했던 것입니다. 이렇게 골로새 교인들은 사도 바울의 그 엄청난 진리를 잘 배우지 못하는 바람에 이단들에게 그들의 믿음을 많이 빼앗기고 있었습니다. 그래서 사도 바울은 예수 그리스도께서 하신 일이 골로새 교인들에게 어떤 영향을 주었는가 하는 것에 대해 자세히 설명했습니다.

1. 그리스도인들이 받는 세례

2:12, "너희가 세례로 그리스도와 함께 장사되고 또 죽은 자들 가운데서 그를 일으키신 하나님의 역사를 믿음으로 말미암아 그 안에서 함께 일으키심을 받았느니라"

우리가 예수를 믿을 때 모두 세례를 받습니다. 그러나 사람들은 이 세례의 의미를 잘 알지 못하고 단지 예수 믿는다는 표시로 세례를 받는 것으로 생각했습니다. 즉 우리가 세례를 받으면 예수 믿는 사람이라는 배지를 하나씩 가슴에 붙이는 것으로 생각했던 것입니다. 그런데 세례는 단순히 예수를 믿는다는 표시가 아닙니다. 만약 어떤 사람이 물속에 오래 있게 되면 숨을 쉬지 못해서 물에 빠져 죽게 됩니다. 사람이 물에 빠졌을 때 그냥 병원에 데리고 가면 죽습니다. 물에 빠진 사람은 가장 먼저 심폐소생술을 해서 물을 토해내게 하고 심장을 뛰게 해야 합니다. 그리고 병원에 데리고 가서 몸에 다른 이상은 없는지 검사를 받아보아야 하는 것입니다. 그런데 여러 사람이 한꺼번에 물에 빠지면 서로 몸을 붙잡기 때문에 헤엄을 잘 치는 사람도 다른 사람의 손에 붙잡혀 다 같이 죽게 됩니다. 그래서 인명을 구조하는 사람은 물에 빠져서 허우적거리는 사람을 먼저 기절시킨 후에 머리카락을 붙잡아 당겨서 건져냅니다.

우리가 십자가에 못 박히신 예수님을 바라보고 믿을 때 어느 순간 우리는 예수님의 죽으신 몸과 붙어버리게 됩니다. 즉 우리는 십자가 위에서 죽으시고 장사되신 예수님과 붙어서 내 눈이 예수님의 눈과 만나고, 내 입과 코가 예수님과 같이 붙어 있게 되고, 내 가슴과 팔과 다리가 예수님의 가슴과 팔과 다리와 같이 묶여 있게 되는 것입니다. 우리가 예수님을 바라보기만 하고 믿는데 어떻게 죽은 예수님과 함께 같이 죽게 될까요? 그것이 바로 십자가가 가지고 있는 능력입니다. 예수님은 하나님의 아들이시기 때문에 모든 믿는 자들을 예수님의 십자가로 끌고 오실 수 있습니다.

우리 인간은 죽음의 동굴에 갇혀 있는데 죽지 않으면 이 세상을 떠날 수 없습니다. 우리가 지금 이 세상에서 살지만 이 세상을 떠나는 방법은 죽는 방법밖에 없습니다. 그래서 죽은 사람에게 '세상을 떠났다' 고 말합니다. 우리가 사는 이 세상은 감옥보다 더 지독해서 죽지 않는 이상 절대로 떠날 수 없습니다.

그런데 하나님께서는 우리가 살아있는 채로 이 세상을 떠날 수 있는 기가 막힌 방법을 마련하셨습니다. 그것은 예수님이 십자가에 못

박혀 죽으시고, 우리는 세례를 받는 것입니다. 예수님의 십자가는 우리를 잡아끄는 힘을 가지고 있으므로 우리가 세례를 받으면서 바로 예수님에게 붙어버리게 됩니다. 우리의 손과 발과 머리는 죽으신 예수님과 같이 붙어서 무덤에 장사지내게 됩니다. 그런데 예수님은 하나님의 능력으로 다시 살아나시게 됩니다. 예수님은 천국의 숨을 쉬시고, 예수님의 가슴은 다시 따뜻해지고, 예수님의 눈은 뜨시게 됩니다. 그때 무덤 문은 열려 있는 것입니다. 우리가 그 무덤 밖으로 나오니까 찬란한 햇빛은 쏟아지고 우리는 성령의 숨을 쉬게 됩니다.

저에게는 다섯 권으로 된《몽테크리스토 백작》이 있습니다. 그 책에 보면 당테스라는 청년이 누가 아파서 엘바섬에 배를 잠시 정착하게 됩니다. 거기서 당테스는 나폴레옹의 편지를 하나 받아오게 되는데, 그 편지는 그 고장의 검찰 총장의 아버지에게 보내는 편지였습니다. 검찰 총장은 모든 죄를 당테스에게 다 뒤집어씌워서 살아서 나올 수 없는 바위섬으로 된 감옥에 넣어버립니다. 그가 거기에서 아무리 억울하다고 소리 지르고 몸부림쳐도 들어주는 사람이 아무도 없습니다. 그러나 어느 날 바닥이 쿵쿵거리더니 귀신같이 생긴 사람의 머리가 하나 올라왔습니다. 그분은 신부님인데 수십 년간 땅을 파고 도망가려고 하다가 도로 당테스의 방으로 나오게 된 것이었습니다. 그리고 이 신부님은 당테스에게 모든 지식을 다 가르쳐주고 검술도 가르쳐줍니다. 그리고 마지막에 나폴레옹이 가졌던 모든 보물을 숨긴 섬의 위치를 알려주고는 병으로 죽습니다. 그 섬 이름이 몽테크리스토 섬입니다.

당테스는 신부님의 시체를 넣은 자루 안에 자기가 들어가고, 신부님의 시체는 자기 방에 몰래 숨겨 놓습니다. 간수들은 자루 속에 든 것이 신부님의 시체인 줄 알고 절벽에서 바다로 던지는데 그 안에 당테스가 들어 있었습니다. 그는 감방에서 만든 칼로 자루를 찢고 바다 위로 올라옵니다. 신부님은 죽고 당테스는 살아난 것입니다. 그리고 그는 몽테크리스토 섬을 찾아가서 바닷속에 있는 엄청난 보물을 찾아내서 그때부터 몽테크리스토 백작으로 복수를 하게 됩니다.

저는 이 소설의 내용보다 더 예수님과 우리의 연합한 죽음을 더 생생하게 설명하는 예는 없다고 생각합니다. 예수님은 십자가 위에서 죽으시고 우리는 예수님 때문에 죽은 줄 알았는데, 실제로는 살아나서 보물을 다 가지게 되는 것입니다. 그래서 옛날 러시아에서 세례받을 때는 겨울에 얼어붙은 강에 가서 얼음을 깨고 받았다고 합니다. 그러니까 그 차가운 얼음물 속에 들어가면서 그 신자는 죽는 것입니다. 그리고 목사님이 그의 팔을 물속에서 당겨 일으킴으로 그는 다시 사는 것입니다.

여기서 우리가 기억해야 할 것은 우리의 옛사람은 예수님의 십자가에서 죽었다는 것입니다. 실제로 예수님의 십자가에 달려야 하는 사람은 우리입니다. 그런데 가끔 교회에서도 화가 나면 십자가 위에서 못을 뽑고 내려와서 실컷 자기 할 소리를 다 하고 도로 올라가서 못을 박는다면 참 신자가 될 수 있느냐 하는 것입니다. 우리 속담에도 "죽은 자는 말이 없다"는 것이 있습니다. 다른 사람이 죽은 사람 앞에 와서 온갖 거짓말을 다 해도 죽은 자는 다시 일어나서 야단치거나 욕을 할 수 없는 것입니다. 한번 죽은 사람은 이 세상의 모든 것에 대하여 다 끝나 버린 것입니다.

이제는 무덤 밖에 나가서 새로운 햇빛을 받으면서 새로운 공기로 숨 쉬고 새 생수를 마시고 보물을 찾아서 살아야 하는 것입니다. 하나님은 모든 보물을 성경 안에 다 감추어놓았습니다. 우리는 그것을 찾아내어서 써야 하는 것입니다. 복수하기 위해서 보물을 쓰는 것이 아니라 영혼을 살리는 일을 위해서 써야 합니다.

2. 육체의 무할례

2:13, "또 범죄와 육체의 무할례로 죽었던 너희를 하나님이 그와 함께 살리시고 우리의 모든 죄를 사하시고"

다윗은 골리앗과 싸울 때 그가 할례받지 않은 자라는 사실을 엄청나게 중요하게 생각했습니다. 하나님의 백성은 모두 할례받은 자들인데 할례도 받지 않은 골리앗이 힘만 세다고 해서 하나님을 모독하고 하나님의 백성을 사십일 동안이나 욕을 했기 때문입니다. 이때 다윗이 가지고 있던 무할례는 야생동물의 개념이었습니다.

우리나라에서 요즘 농사에 큰 피해를 주고 있는 야생동물은 멧돼지입니다. 멧돼지는 천적이 없으니까 새끼를 많이 낳아서 엄청나게 번식하고 있습니다. 원래 멧돼지가 가장 좋아하는 먹이는 지렁이라고 합니다. 그래서 코로 땅을 파서 지렁이를 먹는데 겨울이 되어서 지렁이나 도토리가 없으면 사람이 사는 밭으로 내려오게 되는 것입니다. 그런데 사람들은 이런 멧돼지를 두려워하지 않습니다. 그냥 무식하고 힘이 센 야생동물로 생각하고 있습니다. 그래서 정부에서는 겨울에 일정 기간 멧돼지 사냥이나 포획을 허락합니다. 그러면 사냥꾼들이 엽총을 가지고 사냥개들과 같이 산에 올라가서 멧돼지를 총으로 쏘아 죽입니다.

우리가 이 세상에서 권력을 가진 사람이나 부자나 지식 있는 사람을 보면 할례받지 않은 사람이 많은 것을 알 수 있습니다. 가장 중요한 것은 그들의 성품이나 언어가 할례받지 못했다는 것입니다. 그래서 조금만 자기 기분에 맞지 않으면 욕도 하고 성질이 나면 못된 소리도 하고 또 돈에 대해서는 엄청나게 인색한 것을 볼 수 있습니다. 이것이 할례받지 못한 자의 특징입니다.

그런데 다윗은 목동으로 있으면서 야생동물과 싸우는 법을 익혔습니다. 그는 물맷돌을 던져서 맞추기도 했고, 머리를 때리거나 꼬리를 잡아당겨서 사자나 곰에게서 어린 양을 구해내기도 했습니다. 다윗은 골리앗과 싸우면서 야생동물 하나와 싸운다고 생각했습니다. 물론 아무것도 가진 무기가 없으면 야생동물을 이길 수 없지만, 막대기나 총이 있다든지 함정을 파 놓으면 얼마든지 야생동물을 잡을 수 있는 것입니다.

우리가 이 세상 사람들을 보면 우리 힘으로는 도저히 이길 수 없습니다. 그들은 권력과 돈을 가지고 있습니다. 권력을 가진 자가 자기 말을 안 듣는다고 해서 쫓아내면 우리는 직장에서 쫓겨날 수밖에 없습니다. 그러나 이 세상 사람들은 야생동물입니다. 우리는 안전한 데서 구경할 수도 있고 사진도 찍을 수 있고 사냥도 할 수 있습니다. 그러나 여기서 중요한 것은 옛날에는 우리도 모두 바로 이런 야생동물이었다는 사실입니다. 우리는 정욕대로 행하고 성질대로 살았습니다. 그러나 우리는 한번 죽었다가 살아나면서 하나님께서 우리에게 이성을 주셨습니다. 하나님은 우리에게 분별력을 주셨고 예의를 알게 하셨습니다. 그래서 믿는다고 하면서도 예의 없는 신자는 야생동물과 같은 무할례당이라고 할 수 있습니다.

3. 우리에게 불리한 법조문

> 2:14, “우리를 거스르고 불리하게 하는 법조문으로 쓴 증서를 지우시고 제하여 버리사 십자가에 못 박으시고”

지금도 그렇지만 한때 검찰이 조사할 때 너무 강압적으로 하는 바람에 사람들이 자존심 상해서 자살하는 경우가 많이 있었습니다. 지금 검찰은 옛날로 치면 사헌부나 형부에 속하는 것입니다. 그래서 누군가가 죄를 지었다고 하면 무조건 잡아서 형틀에 매어놓고 이실직고할 때까지 몽둥이로 때리는 것입니다. 그렇지 않으면 의자에 다리를 매어놓고 지팡이를 넣어서 다리를 비틀면 다리가 부러지든지 앉은뱅이가 되게 됩니다. 우리가 검찰에 가보지 않아서 알 수는 없지만 요즘도 일단 잡혀 들어가면 그 사람은 사람이라기보다는 죄수입니다. 그래서 우리나라 H그룹이라고 하면 거의 최고의 재벌이라고 볼 수 있는데 그 재벌이 북한을 도왔다고 해서 머리를 전화번호부로 때리니까 너무 자존심이 상해서 건물에서 뛰어내려 자살해 버렸습니다. 어떤 4성 장군이 있었는데 미국 육사에 유학까지 가서 아주 성공한 사람이었습니다. 그런데 이 사람은 부대의 돈 문제에 있어서 자기 멋대로 써버리고 또 부하들을 굉장히 야단치고 발로 차고 비인격적으로 대했다고 합니다. 그래서 그 장군 밑에 있는 연대장 중에 심장병에 걸리지 않은 사람이 없었다고 합니다. 결국 어떤 부하가 그의 돈 쓴 것을 다 적어서 고빌하니까 결국 별을 다 떼이고 감옥에 들어가게 되었습니다.

결국 사람이 죄를 지으면 법에서 벗어날 수 없습니다. 그리고 검사의 취조나 판사의 재판 없이 그 법에서 자유로울 수 없습니다. 어떤 사람은 직장에서 자기 나름으로 정직하게 쓴다고 적어놓은 것이 전부 업무상 횡령의 증거가 되는 경우도 있습니다. 오히려 자기 멋대로 쓰고 증거가 없는 사람은 무혐의로 풀려나고 정직하게 쓰려고 꼼꼼하게 적은 사람은 횡령 혐의로 유죄가 되는 것입니다. 그 이유는 우리 일반인들이 법을 모르기 때문입니다. 그렇다고 해서 우리가 죽으라고 법을 공부할 수는 없습니다. 이것은 율법도 마찬가지입니다. 율법도 제대로 알아야 혐의가 무거워지기도 하고 무죄가 되기도 하는 것입니다. 그런데 율법에는 단순히 성경에 적은 것만 있는 것이 아니라 모든 법과 양심과 도덕이 다 포함되어 있습니다. 그래서 인간이 아무리 법을 잘 알아도 법을 피해 갈 수 없는 것입니다.

우리나라 대법원장이라고 하면 판사 중에서는 가장 높은 분입니다. 그런데 그런 높은 분이 죄를 지었다고 해서 3년이 넘게 재판받고 있는데 이제는 앉아 있을 힘도 없다고 하면서 자신의 인생이 참 허무하다고 했습니다. 그가 대법원장이 되었을 때는 최고로 성공한 것 같았는데 정권이 바뀌고 무슨 죄로 얽어매서 감옥에 집어넣고 사람을 말려서 죽이려는데 도저히 견딜 수 없다고 합니다.

그런데 예수님이 하신 일은 이 모든 법이 적혀 있는 율법이나 법조문을 십자가 위에 놓고 못으로 박아버린 것입니다. 즉 하나님의 백성은 이 법으로 심판할 수 없다는 것입니다, 마틴 루터는 비텐베르크 성당 문에 95개조 질문을 못으로 박아놓았습니다. 그래서 우리는 면죄부를 사지 않아도 되고, 연옥에 갇힐 것을 두려워할 필요도 없고, 일년에 한 번씩 신부에게 고해성사를 하지 않아도 됩니다. 왜냐하면 마틴 루터의 종교 개혁이 천주교의 지배를 끝장내었기 때문입니다. 마찬가지로 예수님은 십자가 위에 모든 율법을 다 박아버리셨습니다. 예수님이 우리를 대신해서 법을 다 지키셨기 때문입니다.

그리고 앞으로 세상의 모든 권력자가 오히려 법에 걸려서 쇠사슬에 매여 사람들의 구경거리가 될 것입니다.

2:15, "통치자들과 권세들을 무력화하여 드러내어 구경거리로 삼으시고 십자가로 그들을 이기셨느니라"

이 세상의 권세 잡은 자들이나 부자나 높은 사람들에게는 모두 하나님의 모래시계가 있습니다. 자기는 언제까지 최고의 권세를 누릴 수 있을 것으로 생각하지만, 하나님의 모래시계가 끝나면 그들은 힘이 없어지게 되고 결국 수갑을 차고 법정에 서서 사람들의 구경거리가 되는 것입니다. 얼마 전에 우리나라 전직 대통령 두 분이 돌아가셨습니다. 그들은 한때 이 세상에서 가장 권력이 높은 사람이었습니다. 그들은 반대하는 자들을 잡아가서 고문하기도 하고 감옥에 가두기도 했습니다. 그때는 말만 잘못해도 잡혀가는 세상이었습니다. 그런데 하나님의 모래시계가 끝나니까 그들은 권력을 다 잃고 절에 가기도 하고 나란히 법정에 서서 재판받기도 했습니다. 아마 그리스도가 오시는 날에는 거의 모든 권력자들이 쇠사슬에 매여서 끌려가게 될 것입니다.

그러나 예수님은 십자가로 사탄의 권세를 이기셨습니다. 십자가는 죄를 이기는 능력이고 심판을 이기는 권세입니다. 그래서 십자가를 하나의 형식이나 심벌로 여기는 것이 아니라 진정으로 그 능력의 십자가를 붙들고 가시는 성도들이 다 되시기 바랍니다.

09
골로새의 이단들

골 2:16-23

보석이나 명품에 진짜도 있지만, 가짜도 많이 있고 어떤 경우에는 가짜가 더 많을 때도 있습니다. 진짜는 너무 비싼 데다가 또 구하기가 어렵기 때문입니다. 가짜는 일단 보기에 진짜와 비슷한데 값도 싸기 때문에 사람들이 알면서 사기도 하고, 모르고 속아서 사기도 합니다. 그러나 물건만 가짜가 있는 것이 아니라 사람도 가짜가 많이 있다는 것입니다. 우리나라 어떤 여배우 같은 경우에는 정말 연기력이 뛰어났습니다. 그녀는 어떤 대학 불교학과를 졸업했다고 했는데 실제로는 고등학교만 졸업한 것이 밝혀져 이미지가 좀 상했습니다. 그러나 그녀는 연기력이 워낙 좋다 보니까 가짜 졸업장은 크게 문제되지 않았습니다.

그런데 이 세상에 가장 이해되지 않는 것이 있습니다. 그것은 바로 가짜 기독교가 있다는 것입니다. 그런데 이 가짜 기독교를 추종하는 사람이 엄청나게 많이 있는 것이 사실입니다. 아니, 이 세상에서 예수를 믿는다고 해서 누가 더 알아주는 것도 아니고, 더 높은 자리에 올라가는 것도 아닌데 왜 굳이 가짜 기독교까지 생겨서 극성을 부릴

까요? 그것은 바로 이 기독교의 참 가치를 아는 존재가 있기 때문입니다. 그것은 바로 마귀요, 사탄입니다.

마귀는 이 세상에서 가장 귀한 보석이 사람의 영혼을 구원하는 기독교라는 사실을 알고는 가짜 기독교를 만들어서 퍼트리기 시작했습니다. 골로새에서 복음이 전파되고 부흥이 일어나자마자 가짜 기독교도 들어와서 극성을 부리게 되었습니다. 그런데 사람들이 보니까 가짜 기독교가 진짜 기독교보다 더 실력이 있는 것 같고 더 지적이고 더 수준이 높은 것 같아서 많은 신자가 추종하고 있었습니다.

1. 그림자와 실체

사람이 실체가 있으면 반드시 그림자가 있습니다. 만약 그림자가 없는 사람이 있다면 그 실체는 유령이거나 진짜 사람이 아닐 것입니다. 그런데 진짜와 그림자 중에서 중요한 것은 어디까지나 진짜입니다. 진짜 사람이 무슨 일을 하지, 그림자는 진짜가 존재한다는 것을 보여주는 것에 불과한 것입니다.

2:16, "그러므로 먹고 마시는 것과 절기나 초하루나 안식일을 이유로 누구든지 너희를 비판하지 못하게 하라"

골로새 교회에 많은 가짜 기독교인이 생겨나게 되었습니다. 그런데 중요한 것은 그 가짜를 퍼트리는 지도자인데, 이 사람들의 정체가 모호했다는 점입니다. 즉 이들은 유대교에서 필요한 것을 가져오기도 하고, 그리스의 신화나 종교에서도 필요한 것이 있으면 가져와서 아주 복잡하고 난잡한 가짜 기독교를 만들었습니다. 이 골로새 교회의 이단들이 진짜 유대교 출신인지 아닌지는 알 수 없습니다. 그러나 그들은 유대교에서 엄격한 교리를 가져와서 교인들에게 지킬 것을 강요했습니다.

유대교에서는 모든 새나 물고기나 짐승 중에서 먹을 수 있는 것과 먹을 수 없는 것이 구별되어 있습니다. 하나님께서는 이런 먹고 마시는 음식물의 구별을 통해서 외모로 보면 똑같이 보여도 사실은 하나님 앞에서 거룩한 백성과 전혀 먹을 수 없는 부정한 짐승이 있다는 것을 가르쳐 주려고 하셨던 것입니다. 이런 의미에서 보면 한국 사람들은 웬만한 고기는 다 먹는 것을 볼 수 있습니다. 그러나 기독교인들이 피는 먹지 않아야 합니다. 왜냐하면 목매어 죽은 것과 피를 멀리 하는 것이 좋다고 사도들이 결정했기 때문입니다(행 15:20). 그리고 우상의 제물도 먹지 않는 것이 좋다고 했습니다.

한국 기독교에서는 음식은 특별히 금지하지는 않는데 담배 피우는 것이나 술 마시는 것을 금하고 있습니다. 천주교에서는 사제가 결혼할 수 없지만 술이나 담배는 얼마든지 할 수 있습니다. 어느 나라에서는 지난 수십 년 동안 사제에 의해서 저질러진 수많은 아동 성추행에 대해서 사죄한 적이 있습니다. 사제가 결혼하지 못하니까 성당에서 봉사하는 남자 어린이들을 성추행하는 경우가 많았던 것입니다. 불교에서는 모든 육식을 금하고 술을 마시는 것도 금하고 있습니다. 이것은 모두 절제를 훈련받기 위한 것입니다. 그래서 크리스천은 술을 마시거나 담배를 피우지 않는 것이 좋습니다. 우리 주위에는 술 때문에 실수하는 사람들이 너무 많습니다. 멀쩡하던 사람이 술만 마시면 완전히 딴사람이 되어서 짐승 같은 행동을 하는 경우도 있고, 술 때문에 성추행을 해서 망한 사람이 수도 없이 많습니다. 또 크리스천은 과식하는 것도 좋지 않은 것 같습니다. 과식하면 비만해지기도 하고 그 결과 암이나 고혈압이나 심장병 등의 성인병이 생기기도 합니다. 그리고 혐오스러운 음식을 먹지 말아야 합니다.

그리고 유대인들은 "절기"를 많이 지켰습니다. 여기서 절기는 유월절이나 맥추절, 수장절을 의미합니다. 그리고 그들은 매달 "초하루"면 또 예배를 드렸습니다. 그리고 물론 "안식일"도 지켰습니다. 지금 신약시대에 맥추절이나 추수감사절이나 십일조를 내는 것에 대하여 비판하는 사람들이 많이 있습니다. 그러나 이것은 신약적으로도 너무 중요한 의미를 담고 있으므로 지키는 것이 아주 중요합니다. 어떤 사람들은 송구영신예배는 불교나 이방 종교 같은 느낌이 든다고 해서 비판하는데, 한 해를 정리하고 또 한 해를 기도와 축복으로 시작하는 것은 좋다고 생각합니다. 초대교회 때 교회는 안식일도 지키고 주일도 지켰습니다. 그러나 유대교와 분리되면서 주일만 지키게 되었습니다. 그런 의미에서 부활절은 매우 중요한 절기입니다. 그리고 예수님이 탄생하신 성탄절을 지키는 것도 중요합니다. 왜냐하면 이 당시 이단 중에서 예수가 진짜 탄생한 것이 아니라고 주장하는 이단들이 있었기 때문입니다.

또한 당시 유대인들은 예루살렘의 멸망을 중심으로 바벨론 군대가 쳐들어온 날, 성이 포위된 날, 성이 함락된 날 등을 기념하여 그날에 전부 금식했습니다. 그리고 에스더가 하만을 죽이고 유대인들을 구원한 부림절 등에도 금식과 축제를 같이 시행했습니다. 즉 하루는 금식하고 하루는 축제를 했던 것입니다. 지금 천주교에서는 많은 성자를 세우고 그들이 죽은 날을 지키고 있습니다. 그런데 할 수 있으면 이런 날은 없는 것이 좋겠습니다. 왜냐하면 이 모든 날은 그림자에 불과하기 때문입니다. 이것은 실체가 아닙니다. 오직 그리스도의 그림자에 불과한 것입니다.

2:17, "이것들은 장래 일의 그림자이나 몸은 그리스도의 것이니라"

유월절이나 맥추절, 수장절이라고 하는 절기는 전부 실체가 아닙니다. 이 모든 것은 그리스도가 오셔서 우리를 구원하실 그림자입니다. 그래서 이런 절기들도 예수님 중심이 되어야 의미가 있습니다. 실체가 없는 그림자는 아무 의미가 없습니다.

2. 머리가 없는 몸

아마 우리가 머리 없는 몸을 본다면 너무나도 무서울 것입니다. 그러나 사람이든지 짐승이든지 머리가 없으면 어떤 생물도 살 수 없습니다. 그런데 골로새에 있는 이단들은 머리가 없는 괴물들이었습니다.

> 2:18-19, "아무도 꾸며낸 겸손과 천사 숭배를 이유로 너희를 정죄하지 못하게 하라 그가 그 본 것에 의지하여 그 육신의 생각을 따라 헛되이 과장하고 머리를 붙들지 아니하는지라 온 몸이 머리로 말미암아 마디와 힘줄로 공급함을 받고 연합하여 하나님이 자라게 하시므로 자라느니라"

그리스도인이 예수를 믿은 후에 중요한 것은 마디와 힘줄이 연결되어서 한 몸이 되는 것입니다. 그러나 한 몸이 되었다고 해서 다 된 것이 아니라, 반드시 머리이신 예수님과 연결되어야 합니다. 만약 머리에서 신경이 몸에 전달되지 않으면 그 사람의 몸은 움직일 수 없습니다.

사도 바울이 골로새 이단들의 잘못을 지적한 것 중의 하나가 "꾸며낸 겸손" 입니다. 물론 그리스도인에게 가장 중요한 덕목은 겸손입니다. 그러나 골로새 이단들이 요구하는 겸손은 강요된 겸손이었고, 남에게 보이기 위한 겸손이었습니다. 아마 이 골로새의 이단들은 예수님의 십자가 앞이나 혹은 그런 그림 앞에서 엎드렸던 것 같습니다.

그리고 그들은 성도들로 하여금 자기들에게 무릎 꿇고 손이나 반지에 입을 맞추게 했던 것 같습니다. 그리고 그들은 사람들 앞에서는 너무나도 겸손한 자세를 취했습니다. 그러나 이런 행동이 결코 진심에서 우러나온 것이 아니었습니다. 단지 사람들에게 겸손하게 보이기 위해서 그렇게 한 것뿐입니다. 그러나 복음이 없는 겸손은 머리가 없는 몸과 같습니다. 이것은 결국 죽은 몸입니다.

그다음은 "천사 숭배"였습니다. 유대인들은 천사의 존재를 믿었습니다. 실제로 성경에 천사들이 많이 나타나서 하나님의 일을 했기 때문입니다. 그리고 유대인들은 천사를 하나님과 동격으로 생각했습니다. 그래서 신약 초기까지도 천사들이 나타나서 활동한 것을 볼 수 있습니다. 감옥에 갇힌 베드로를 구해내기도 했습니다(행 12:8). 어떤 의미에서 사도 요한이 계시록에서 보았던 천사가 우리가 이 시대에 본 마지막 천사가 아니었나 하는 생각이 듭니다.

그러나 골로새의 이단들은 천사를 믿었습니다. 그래서 그들은 천사들의 날개 달린 그림을 그려놓기도 하고, 천사를 향해서 기도하기도 했습니다. 그러나 신약시대에는 천사들이 지상에서는 사람들의 눈에 보이도록 거의 활동하지는 않습니다. 신약시대에는 우리 성도들이 천사이기 때문입니다. 그리고 우리는 예수님과 하나님께 바로 기도하면 되기 때문입니다. 중간에 쓸데없이 천사를 끼울 필요가 없는 것입니다. 우리 성도들끼리 연합하는 것이 마디이고 근육이며, 우리는 모두 머리이신 예수님께 붙어 있는 사람들입니다.

3. 세상의 초등학문

우리는 어렸을 때 형이나 어른들로부터 많은 미신적인 이야기를 들었습니다. 우리가 가장 많이 들었던 이야기는 귀신 이야기입니다.

그중에는 여자 귀신이 입에 피를 뚝뚝 흘리면서 아이들을 잡아먹으러 오는 이야기도 있습니다. 어떤 사람은 신자들에게 모든 병은 귀신이 들어와서 생기는 것이라고 가르치면서 귀신을 쫓아내면 병이 낫는다고 주장합니다. 그리고 귀신에 대하여 불필요한 두려움이 생기도록 이상한 이야기를 가르치는 사람도 있습니다. 그러나 이것은 다 초등학문, 즉 미신입니다. 또 믿지 않는 사람 중에는 부적의 효력을 믿는 사람도 있습니다. 이것은 모두 미신입니다. 예수 믿는 사람들은 예수 믿으면서 미신도 다 죽여 버렸습니다. 그래서 미신을 따라갈 필요가 없습니다. 오늘의 운세나 혹은 사주나 허황한 꿈 이야기 같은 것은 다 믿을 필요가 없는 것입니다.

그런데 골로새 교회에 들어온 이단들은 "붙잡지도 말고 맛보지도 말고 만지지도 말라"고 가르쳤습니다(21절). 이것이 구체적으로 무엇인지 알 수 없지만, 어떤 신성한 물건을 만들어 놓고는 '붙잡지도 말라' 고 가르치는 것입니다. 그러면 감히 아무도 거기에는 가까이 갈 수 없습니다. 또 '맛보지도 말라' 고 했습니다. 즉 지도자나 사제를 위하여 만든 술이나 포도주는 아예 맛도 보지 못하게 하는 것입니다. 그래서 천주교에서는 성찬식 할 때 부병은 교인들에게 주지만, 포도주는 쏟을 수 있기 때문에 사제가 혼자 마시는 것을 볼 수 있습니다. 이것은 아무도 마실 수 없는 것입니다. 그리고 '만지지도 말라' 고 했습니다. 이것은 너무 신성한 옷이라든지 혹은 부정한 물건은 아예 만지지도 말라는 것입니다. 사람들은 호기심이 있어서 하지 말라고 하면 더 하고 싶을 때가 많이 있습니다.

2:22-23, "이 모든 것은 한때 쓰이고는 없어지리라 사람의 명령과 가르침을 따르느냐 이런 것들은 자의적 숭배와 겸손과 몸을 괴롭게 하는 데는 지혜 있는 모양이나 오직 육체 따르는 것을 금하는 데는 조금도 유익이 없느니라"

여기 "한때 쓰이고는 없어지리라"는 말은 한때라도 가치가 있다는 뜻이 아닙니다. 이것은 모두 마귀가 뿌려놓은 거짓말인데 사람들이 거기에 속고 있는 것입니다. 그러나 시간이 지나서 과학이 발달하면 저절로 없어지기도 하고 복음의 광채 아래 사라지기도 하는 것입니다.

"자의적 숭배"라는 것은 자기 멋대로 하는 종교 행위를 말합니다. 겸손은 좋은 것이지만 종교인들이 겸손한 체하는 것은 진짜가 아닙니다. 그리고 자기 "몸을 괴롭게" 하여 금식하거나 고행이나 순례하는 것 등은 자기만족을 줄지는 모르지만, 이것으로 사람이 변하지는 않는 것입니다. 그래서 육체의 정욕을 이기는 데는 아무 도움이 되지 않습니다. 어떤 사람은 백두대간을 걷기도 하고, 어떤 사람은 스페인 산티아고의 800km나 되는 길을 걷기도 하고, 어떤 사람은 성지 순례를 하기도 하지만 이런 행위로 우리는 변하지 않는 것입니다. 우리는 오직 그리스도를 머리로 하여 그리스도의 호르몬을 받아야 새로운 사람이 될 수 있습니다.

10

위를 보라

골 3:1-5

예수 믿지 않는 사람들은 이 세상에 있는 재물이나 명성이나 성공을 위해 싸우고 경쟁하지만, 그것은 영구히 자기의 것이 될 수 없습니다. 그러나 예수 믿는 믿음의 사람은 영원히 솟아나는 샘물을 발견했기 때문에 굳이 세상의 성공이나 재물을 가지고 싸우지 않고, 새로 판 샘물에 관심을 가지고 그 샘을 더 크게 만들거나 더 물이 많이 나오도록 하는 데 힘쓸 것입니다.

운전할 때는 앞을 똑바로 보는 것이 굉장히 중요합니다. 운전하면서 앞을 보지 않으면 갑자기 튀어나온 사람을 치기도 하고 잘못하면 중앙선을 넘어가서 다른 차들과 충돌할 수도 있기 때문입니다. 그런데 외국 영화에서 젊은이들이 운전하는 것을 보면 운전하면서 라디오를 조작하기도 하고 떨어진 물건을 줍기도 하고 계속 옆 사람을 쳐다보거나 이야기하면서 운전하는 것을 볼 수 있습니다. 그러다가 큰 사고가 나게 되는 것입니다.

요즘 길을 가면서 위험천만한 장면을 많이 보게 됩니다. 청년들이 횡단보도나 길을 가면서 차가 오는지 사람이 오는지 전혀 신경 쓰지 않고 스마트 폰만 붙들고 이야기하고 가는 모습입니다. 그러다가 차에 치일 수도 있고 또는 공사 중인 하수구에 빠질 수도 있을 것입니다.

예전에는 유치원 어린이들에게 건널목에서 녹색불에 건너가라고 가르쳤지만, 이제는 녹색불에도 그냥 건너가면 안 됩니다. 횡단보도에서도 신호를 무시하는 운전자들이 많이 있어서 차가 서는 것을 보고 건너야 안전한 것입니다. 또 길을 갈 때 엉뚱한 생각을 하다가 돌부리를 차든지, 아니면 계단을 내려가다가 다리를 헛디뎌서 크게 다치는 분들이 있습니다. 만일 우리가 매일 하늘만 쳐다보면서 걸어간다면 하수구에 빠질 수도 있고 자동차에 다칠 수도 있을 것입니다.

그러나 사도 바울은 본문에서 우리가 예수와 함께 새로운 인생을 산다면 위의 것만 찾아야 한다고 강조하고 있습니다. 우리가 하늘만 쳐다본다면 완전히 비현실적인 사람이 되고 말 텐데 하늘만 쳐다본다고 해서 잘살게 될까요?

1. 위의 것을 찾으라

사도 바울은 우리가 만일 "그리스도와 함께 다시 살리심을 받았으면 위의 것을 찾으라" 고 했습니다.

> 3:1-2, "그러므로 너희가 그리스도와 함께 다시 살리심을 받았으면 위의 것을 찾으라 거기는 그리스도께서 하나님 우편에 앉아 계시느니라 위의 것을 생각하고 땅의 것을 생각하지 말라"

이 세상에서 성공하려고 하면 세상을 자꾸 바라보아야 합니다. 우리에게 필요하고 좋은 것은 전부 이 세상에서 나오기 때문입니다. 특히 돈이 있는 사람들은 땅을 자꾸 쳐다보면서 삽니다. 땅에 잘 투자하면 거금을 벌 수 있기 때문입니다. 이 세상에는 우리에게 필요한 모든 것이 다 있습니다. 그 차이를 잘 이용해야 돈을 벌 수 있고 부자가 될 수 있습니다. 미국이나 독일의 백신 회사들은 코로나 19가 퍼진 기회를 타서 백신을 수억 명에게 팔아서 수십조 원을 벌었습니다. 그러나 이럴 때 하늘만 쳐다보는 교회에는 확진자들이 생겨서 교회 문이 폐쇄되고 심한 사람은 돌아가시기도 하는 형편입니다.

그럼에도 불구하고 우리는 왜 하늘만 쳐다보면서 살아야 할까요? 학생들은 책을 부지런히 읽고 공부해야 좋은 점수를 얻고 좋은 대학에 들어갈 수 있습니다. 보석이나 석유를 캐는 사람들은 땅을 잘 조사해서 땅을 파야 보석이나 석유를 캐낼 수가 있습니다. 정치하는 사람들은 옳든지 틀리든지 사람들의 마음을 기분 좋게 해주고 표를 많이 얻어야 권력을 손에 쥘 수 있을 것입니다. 특히 정부에서 한자리를 하고 싶은 사람은 위에 있는 사람의 눈치를 잘 보고 그의 비위를 맞추어 주는 말을 자꾸 해야 얻을 수 있을 것입니다. 그럼에도 불구하고 사도 바울은 우리의 생명은 다른 사람들과는 다르므로 자꾸 위의 것을 찾으라고 권면하고 있습니다.

우선 우리 예수 믿는 사람들은 다른 사람들과 다른 생명을 가지고 있습니다. 즉 우리는 한번 죽었다가 그리스도와 함께 살리심을 받은 사람들입니다. 우리는 십자가를 바라보고 예수를 믿는 순간 예수님과 붙어버려서 같이 죽었습니다. 우리는 모두 한 번씩 다 죽어본 사람들입니다. 죽음의 맛을 한번 본 소감은 어떻습니까? 성말 죽음이라는 것은 썩은 냄새가 나고 구더기가 우글거리고 몸은 차갑고 심장은 뛰지 않으며 눈앞은 캄캄하고 숨을 쉴 수가 없었습니다. 아무런 소망이 없고 오직 절망의 무덤 안에서 있을 수밖에 없었습니다.

그런데 우리에게 예수님의 구원의 빛이 비치면서 그 절망의 죽음에서 건짐받았습니다. 우리는 모두 새로운 인생을 살게 된 사람들입니다. 그래서 만일 우리가 한번 죽기 전처럼 돈이나 세상만 바라보면서 산다면 이 두 번째 인생은 너무나도 아깝게 되는 것입니다. 한번 죽었다가 예수님의 도우심으로 기적적으로 살아난 사람이라면 무엇인가 다른 사람을 위해서나 하나님을 위해서 살아야 이치에 맞을 것입니다.

그런데 우리가 세상 사람들을 보니까 물이 없습니다. 물은 오직 한 대야밖에 없습니다. 사람들은 이 세상에 있는 것이 전부라고 생각해서 그 물을 서로 차지하기 위해 치고 박고 싸우고 있습니다. 그런데 우리 믿는 자들이 한번 죽었다가 다시 살아나니까 우리는 아무도 보지 못하는 샘을 발견하게 되었습니다. 그것은 성경 안에 있는 성령의 샘이고, 교회 안에 있는 사랑의 샘이며, 그리스도 안에 있는 생명의 샘입니다. 그때 우리가 해야 할 일은 무엇입니까? 이 세상에 있는 대야의 물은 세상 사람들이 가지게 하고, 우리는 오직 새로 발견한 하나님의 샘물을 주목해서 보고 그 샘물을 더 크고 풍성하게 하는 데 전념해야 할 것입니다.

사도 바울이 "위의 것을 찾으라"고 한 것은 하늘만 생각하거나 헛된 공상에 빠져서 살아야 한다는 것을 말하지 않습니다. 물론 우리는 하나님의 나라를 바라보아야 합니다. 그러나 우리를 살린 것은 하나님의 사랑이었습니다. 그래서 우리가 가장 먼저 해야 할 일은 하나님을 언제나 생각하는 것입니다. 즉 하나님은 내가 하는 모든 일을 언제나 보고 계신 것입니다. 우리 안에도 정욕이 있어서 다른 사람들이 보지 않을 때는 남의 물건을 가지고 싶기도 하고 또 세상의 음란한 것들을 보고 싶을 때도 있을 것입니다. 그러나 우리가 하나님이 늘 나의 모든 생활과 숨 쉬는 것을 보고 계신다는 것을 생각하면 감히 죄짓기 어려울 것입니다. 하나님이 우리의 기도에 응답하시는 것을 보면 너무나도 세밀한 것까지 또 내가 생각하지 못한 것까지 응답하시는 것을 볼 수 있습니다.

그뿐만 아니라 우리가 새 생명을 얻은 후에는 새로운 눈을 가지게 되었습니다. 우리가 그 눈을 가지고 성경을 보고 듣거나 혹은 세상을 보면 하나님의 샘물이 작게 흐르는 것을 보게 되지만 자꾸 그 구멍을 파보면 점점 더 생명수의 양이 많아지고 속도도 더 빨라지는 것을 보게 됩니다. 그런데 우리가 그 샘을 파는 손이나 발이나 삽이나 곡괭이를 보면 줄이 연결되어 있는 것을 보게 되는데 그 줄은 예수님께 연결되어 있습니다. 그리스도께서는 하나님의 우편에 앉아 계십니다. 그래서 예수님은 우리에게 세상에 없는 힘을 주시고 전혀 오염되지 않은 생각을 주시는 것입니다.

그러나 우리는 기억해야 할 것이 있습니다. 그것은 두 가지를 같이 할 수는 없다는 것입니다. 즉 우리는 이 세상 대야의 물도 차지하고, 새로운 생수의 샘도 차지할 수는 없습니다. 그래서 사도 바울은 "위의 것을 생각하고 땅의 것을 생각하지 말라"고 한 것입니다. 이것은 이 세상 삶을 포기하라는 뜻이 아닙니다. 공부도 하지 말고 회사도 다니지 말고 오직 성경만 읽으라는 뜻이 아닙니다. 우리는 하나님의 일과 세상일을 똑같은 비중을 두고 할 수 없다는 것입니다. 우리가 하나님의 일을 제일 목적으로 해서 살아갈 때 세상은 우리에게 따라오게 됩니다. 즉 우리가 다른 영혼을 살리고 하나님의 진리를 캐내는 것을 위하여 노력할 때 하나님은 우리에게 좋은 학교도 다니게 하시고 돈도 벌게 하시고 사회적으로 유명하게 만들기도 하시는 것입니다. 그래서 우리는 믿지 않는 사람들처럼 돈 버는 것에 빠져 세상을 보면서 살아가면 새로운 생명의 가치를 잃게 되고 영생도 놓치게 될 것입니다.

2. 생명이 감추인 사람들

모든 사람의 생명은 심장과 피에 있기 때문에 총에 맞거나 칼에 맞아서 피를 많이 흘리거나 심장이 뛰지 않으면 죽게 됩니다. 그러나 만약 그 사람의 생명이 심장이나 피에 있지 않고 다른 데 감추어져 있다면 다른 사람이 아무리 칼로 찌르고 총으로 쏘아도 그 사람은 죽지 않을 것입니다. 왜냐하면 그 사람의 생명은 다른 데 감추어져 있기 때문입니다.

우리가 여행을 가게 되면 호텔 안에 있는 금고에 돈이나 비싼 귀중품 같은 것을 넣고 감추어놓습니다. 그러면 길에서 소매치기가 가방을 가져가거나 돈을 잃어버린다고 해서 크게 걱정하지 않을 것입니다. 외국 사람들은 현찰을 잘 가지고 다니지 않는다고 합니다. 그러나 유독 한국 사람들은 현찰을 많이 가지고 다닌다고 소문이 나서 한국 사람을 보면 총을 들고 따라와서 돈을 빼앗아 가려고 합니다.

아마 어떤 사람을 아무리 칼로 찔러도 죽지 않고 총으로 쏘아도 죽지 않는다면 그 사람을 괴물이라고 생각할 것입니다. 사실 우리는 괴물이나 마찬가지입니다. 왜냐하면 우리의 생명은 이 몸의 심장 안에 있지 않기 때문입니다. 그러면 우리 생명은 어디에 있습니까? 우리 생명은 하나님 안에 감추어져 있습니다. 그래서 우리는 이 세상에서는 죽지만 사실 죽는 것이 아닙니다. 예수 믿는 사람들은 전부 다 살아 있습니다. 우리 생명이 하나님 안에 감추어져 있기 때문입니다.

모든 사람은 병이 들거나 사고가 나면 죽습니다. 그래서 사람들은 죽었다고 말을 하면서 슬퍼합니다. 그러나 예수님은 회당장 야이로의 딸이 죽었을 때 "딸이 죽은 것이 아니라 잔다"고 말씀하셨습니다(눅 8:52). 우리는 이 세상에서 너무 잠도 못 자고 스트레스를 받으면서 살았기 때문에 좀 자야 합니다. 그러나 우리의 죽음은 옷을 갈아입는 것입니다. 즉 우리는 즉시 천사의 옷을 입고 천국에 들어갈 것입니다. 그러나 이것이 끝이 아닙니다. 우리는 천사의 옷보다 더 빛난 옷을 입고 나타날 때가 있습니다.

3:4, "우리 생명이신 그리스도께서 나타나실 그 때에 너희도 그와 함께 영광 중에 나타나리라"

천사는 너무 아름답고 좋아 보이지만, 치명적인 결점이 우리 같은 육체가 없다는 것입니다. 그러나 우리는 다시 육체를 가지고 살아날 것입니다. "그때"는 바로 우리 생명 되신 그리스도께서 나타나실 때입니다. 예수님은 우리 생명입니다. 예수님은 우리의 심장입니다. 그래서 예수님이 다시 죽지 않으시는 이상 우리는 죽지 않습니다. 예수님은 공중에서 어린양의 혼인 잔치를 할 것입니다. 그때 우리는 모두 멋진 모습으로 나타나게 될 것입니다. 물론 사람 중에는 예수님이 오신다고 하고서 이천년이 지나도록 오시지 않았다고 비방하는 말을 하기도 합니다. 그러나 우리의 시간과 하나님의 시간은 다릅니다. 하나님의 시간으로는 이천년이 이틀이 될 수도 있습니다. 그때는 우리 몸에서 빛이 날 것입니다. 우리는 몸에서 빛이 나오는 스타들이 다 될 것입니다.

3. 탐심은 우상 숭배

우리는 이스라엘 백성에게서 이해되지 않는 것이 있습니다. 하나님이 선지자를 보내셔서 그렇게 우상 숭배하지 말라고 하셨으면 안 하면 될 텐테, 왜 바알이나 아세라 신을 끝까지 버리지 못해서 망하고 말았을까 하는 것입니다. 그리고 요즘 우리는 그런 미신을 섬기지 않아서 참 다행이라고 생각할 것입니다. 그러나 현대에 와서는 새로운 우상이 기승을 부리고 있습니다. 그것은 바로 우리 자신의 욕망이나 성공이나 돈입니다.

사실 이스라엘 백성도 그렇게 우상을 끊지 못했던 이유는 우상이 대단해서가 아니라 우상이 있어야 외국 사람들이 무식한 사람으로 생각하지 않고 지성인으로 인정해 주었기 때문입니다. 구약시대 이방인들은 오히려 이스라엘 백성처럼 우상이 없는 자들을 향해 무신론자들이라고 생각했습니다. 즉 이스라엘 백성이 신앙이 있다고 인정받으려고 하면 바알이나 아세라상이 있어야 했던 것입니다.

이와 마찬가지로 오늘 사람들은 야망이나 욕망이 있어야 성공할 수 있다고 생각합니다. '나는 성공하든지 실패하든지 상관하지 않고 하나님만 바라보겠다' 고 생각하는 사람은 정말 무기력하고 무능한 사람으로 무시를 당할 것입니다. 사람은 야망이 있어야 큰일에 도전할 수 있고, 욕망도 있어야 다른 사람의 것들을 많이 가질 수 있을 것입니다. 이 세상에서 성공하려면 피도 없고 눈물도 없어야 할 것입니다.

그러나 사도 바울은 "땅에 있는 지체를 죽이라" 고 권면하고 있습니다.

> 3:5, "그러므로 땅에 있는 지체를 죽이라 곧 음란과 부정과 사욕과 악한 정욕과 탐심이니 탐심은 우상 숭배니라"

우리 안에는 독사와 같은 나쁜 기질들이 들어 있습니다. 그것이 바로 "음란" 입니다. 음란은 뱀처럼 우리 안에 웅크리고 있다가 기어 나와서 못된 욕망을 가지게 합니다. 그러나 우리는 이 못된 욕망을 좋아하기 때문에 죽일 생각을 하지 않고 오히려 기회를 노리거나 대리 만족을 누리려고 할 때가 많습니다. 그러나 음란한 짓을 하면 언제나 후회하게 되어 있고 우리 영혼이 더러워지게 됩니다.

그리고 "부정" 은 거짓된 방법으로 잘 되는 것입니다. 즉 남에게 강요해서 돈을 바치게 하든지 정당한 세금을 내지 않고 외국 물건을 가져오는 것입니다. 즉 정당한 대가를 내지 않고 쉽게 좋은 것을 가지는 것입니다. 또 "사욕" 은 다른 사람을 생각하지 않고 나만 배를 불리

는 욕심입니다. "악한 정욕"은 성공의 정욕이고 돈의 정욕이고 명예의 정욕입니다,

그런데 놀라운 것은 모든 인간에게는 "탐심"이 있는데, 이것이 바로 "우상 숭배"라고 했습니다. 우리는 탐심이 있어야 노력하고, 야망이 있어야 낙심하지 않고 성공할 것으로 생각할 것입니다. 만일 우리에게 탐심이 없다면 무슨 노력을 하겠습니까? 그러나 성경은 남의 것을 탐내고 남의 물건이나 사람을 가지려고 하고, 남이 돈 잘 버는 것과 유명해지고 인기 끄는 것을 시기하는 것이 바로 우상 숭배라고 했습니다. 요즘 청소년들은 십대 가수들에게 빠져 있습니다. 그것도 살아있는 우상입니다. 우상은 모두 썩은 시체이고 그 안에 구더기가 우글거립니다. 우리는 우상을 때려서 잡아야 하는 것입니다. 우리는 모두 두 번째 인생을 사는 사람들입니다. 이 귀한 인생을 썩은 물을 차지하는 것에 허비하지 마시고 하나님의 생수를 찾아서 넓히는 데 사용하시기 바랍니다.

11
위를 보는 사람의 특징

골 3:5-11

이 세상에는 늘 하늘만 쳐다보는 사람들이 있을 것입니다. 아마 그들은 미국의 나사 본부에 있든지 아니면 천문기상자일 것입니다. 그래서 그들은 우주선이 제대로 날아가고 있는지, 또는 폭풍은 언제 오는지 등 기상이변에 관해 연구할 것입니다. 그 외 대부분 사람은 땅을 쳐다보면서 살아갑니다. 하늘보다는 땅을 봐야 다른 사람이나 물건과 부딪치지 않을 것이고, 또 이 세상에 좋은 것이 많기 때문입니다. 그런데 사도 바울은 특히 교인들에게 위의 것을 찾으라고 권면하고 있습니다. 위의 것을 찾으라는 것은 하나님의 뜻을 찾으라는 비유입니다. 그와 반대로 땅의 것을 찾는다는 것은 땅에 있는 좋은 것이나 성공을 찾는 것을 말합니다.

히틀러 같은 사람은 땅을 쳐다보았습니다. 그리고 자신의 좋은 머리와 독일인들의 뛰어난 기술을 가지고 남의 땅을 빼앗는 것만 생각했습니다. 그래서 폴란드와 체코를 침공하고 이차대전을 일으켰습니다. 더 나아가 유대인은 열등한 민족이라고 해서 무려 육백만이나 되는 유대인을 가스실에서 죽였습니다. 독일군은 네덜란드도 정복했는데 그곳에 안네 프랑크라는 십대 소녀가 있었습니다. 그 소녀는 독일군에게 끌려가지 않으려고 다락에 숨어 있었습니다. 그리고 거기서 일기를 썼습니다.

저는 처음에《안네의 일기》가 너무 슬프고 어두울 것 같아서 읽지 않으려고 했습니다. 그러나 실제로 그 일기를 읽어보니까 절대로 어두운 책이 아니었습니다. 너무나도 밝고 아름다운 책이었습니다. 안네는 그 일기를 벽 속에 감추어두고 수용소에 끌려가서 죽었습니다. 그러나 안네가 죽고 난 후에 이웃집 사람이 그 일기를 발견해서 살아남은 안네의 아버지에게 건네주었습니다. 아버지는 그 일기를 책으로 출판했고 그 일기는 어린이들에게 영원한 베스트셀러가 되었습니다. 거기에 비해 어린아이까지 인종주의로 몰아서 가스실에서 죽인 나치는 영원한 역사의 죄인으로 남아 있습니다. 히틀러는 땅을 보는 데는 천재였을지 모르지만, 조금 앞도 내다보지 못했습니다. 결국 안네는 작은 일기장으로 히틀러를 이겼던 것입니다.

애굽에 노예로 잡혀갔던 요셉이 땅만 쳐다보면서 살았다면 한 명의 노예로 살다가 죽었을 것입니다. 요셉이 만일 땅만 쳐다보았다면 여자 주인이 유혹했을 때 그냥 넘어갔을 것입니다. 그러나 그는 위에 계신 하나님을 바라보았기 때문에 죄를 짓지 않고 감옥에 들어갔습니다. 애니메이션으로 만든 〈요셉 이야기〉를 보면, 요셉은 감옥 안에서 "하나님은 나보다 나를 더 잘 아신다(He knows me better than I)"고 노래합니다. 결국 그는 7년 대흉년을 내다보았기 때문에 많은 사람을 굶주림에서 살릴 수 있었고, 자기를 괴롭혔던 친위대장이나 그의 부인이나 술 맡은 관원장에게 복수하지 않았습니다. 요셉의 수준은 그들과 다르고 훨씬 높은 데 있었기 때문입니다.

만약 다윗이 땅의 것을 찾았다면 얼마든지 사울을 죽이고 왕 자리를 차지할 수 있었을 것입니다. 그러나 그는 사울 왕을 두 번이나 죽일 수 있었는데도 그러질 않았습니다. 그 대신 그는 하나님의 말씀을 깊이 묵상하여 위대한 시를 많이 남겼습니다.

1. 위를 바라보는 것

우리는 "위의 것을 찾으라"는 말씀을 멍청하게 하늘만 쳐다보고 있는 것으로 생각하기 쉽습니다. 우리가 잘 아는 '생텍쥐페리'는 비행기를 조종하고 가다가 비행기가 고장 나서 사막에 불시착하게 되었습니다. 그때 그는 하늘에 떠 있는 수많은 별을 보고 《어린 왕자》를 구상하게 됩니다. 요즘은 이 《어린 왕자》가 거의 모든 나라의 언어로 번역되어 있습니다. 생텍쥐페리는 《어린 왕자》의 독자들에게 혹시 사하라 사막에 여행 갔다가 금발인 아이를 만나게 되면 자기에게 연락해 달라고 하면서 그 아이가 바로 어린 왕자라고 했습니다. 그래서 저는 새로 살 자동차 색깔을 두고 고심하다가 바로 어린 왕자의 머리색인 '사하라 베이지'로 결정했습니다. 언젠가 어린 왕자가 제 차를 보면 여기에 또 자기 팬이 한 명 있구나 하고 생각할지도 모릅니다.

우리는 예수님과 함께 죽고 예수님과 함께 사는 두 번째 인생을 살고 있기 때문에 위의 것을 찾으라고 했습니다. 그 이유는 우리를 죽게 하시고 다시 살게 하신 그리스도께서 하나님 우편에 앉아계시기 때문입니다.

예수님을 어떻게 생각하느냐 하는 것을 보면 그 사람의 신앙을 알 수 있습니다. 지금도 예수님이 전혀 보고 싶지 않고 예수님이 나와 아무 상관 없는 사람처럼 생각이 들고, 천국은 가도 좋고 안 가도 그만이라고 생각되는 분이 계신다면, 그분은 아직 구원받지 못한 분으로 보아야 합니다. 그분은 아직 어두움의 바다에 빠져서 허우적거리고 있는 것입니다. 그러나 진정으로 구원받은 사람이라면 다른 어느 누구보다 예수님을 보고 싶어야 하고, 예수님이 앉아계신 그 하나님의 보좌 우편에 관심이 있어야 할 것입니다. 그러나 예수를 믿는 사람 중에도 예수님의 재림을 믿지 않고 땅에 많은 것을 쌓아두려고 하는 분들이 있는데 이들은 예수님이 천사들과 함께 다시 오실 것을 잘 믿지 않습니다. 그러나 정말 예수님 때문에 새 생명을 얻은 사람은 내가 지금 살아있는 것처럼 예수님도 살아계시며 분명히 천사들과 함께 다시 오실 것을 기다리고 있을 것입니다.

우리가 위의 것을 찾는다는 것은 땅에 있는 내 육체의 정욕과 싸우는 것을 말합니다. 우리는 육체의 정욕에 잘 길들어있습니다. 그래서 저절로 육체의 정욕에 끌리게 되어 있습니다. 그런데 우리가 예수님을 바라보고 예수님을 찾으려고 한다면 이 육체의 정욕을 때려잡아야 합니다. 지난 시간에 이어 다시 한번 더 이 말씀을 상고하고자 합니다.

> 3:5-6, "그러므로 땅에 있는 지체를 죽이라 곧 음란과 부정과 사욕과 악한 정욕과 탐심이니 탐심은 우상 숭배니라 이것들로 말미암아 하나님의 진노가 임하느니라"

우리가 위를 바라본다는 것은 땅에 있는 육체를 잡아 죽이는 것을 말합니다. 만약 집 마당에 독사가 기어 다니고 있다면 절대로 그냥 두지 않을 것입니다. 우리가 하나님께 더 가까워지는 방법은 육체를 죽이는 것입니다. 사실 사람들은 종교의 힘으로 육체를 죽이려고 하다가 많은 사람이 실패했습니다. 여기서 육체의 정욕 중에서 가장 먼저 오는 것이 "음란"입니다. 사실 남자나 여자가 서로에게 애정을 느끼는 것은 하나님이 주신 마음입니다. 그러나 인간이 자기에게 주어진 부인이나 남편으로 만족하지 못하고 자신의 성욕만을 채우려고 하는 것이 음욕이고 음란입니다. 사람 속의 음욕은 다른 것으로는 죽일 수 없고 성경을 읽고 설교를 들으면 약해지게 되어 있습니다.

그리고 "부정"은 자기가 노력하지 않은 재물을 가지려고 하는 것입니다. 사실 이 세상에서 돈을 싫어하는 사람은 없을 것입니다. 그래서 우리는 어렸을 때부터 내 것이 아닌 것은 가지지 않는 훈련을 받아야 합니다. "사욕"은 여러 다른 사람의 유익을 생각하지 않고 자신의 유익만 추구하는 것입니다. 사실 이러한 사욕이 교회와 나라를 망치는 것입니다. 다른 사람의 행복을 먼저 생각하는 것이 기독교의 첫 걸음입니다. 사욕을 찾는 사람들은 크리스천이라 하더라도 어린아이와 같습니다. 그리고 "악한 정욕"이 나오는데 이것은 높아지려고 하고 유명해지려고 하고 최고가 되려고 하고 남을 이기려고 하는 것입니다.

그리고 "탐심은 우상 숭배니라"라고 했습니다. 즉 우상은 사실 아무것도 아니면서 그 숭배자의 삶 전체를 지배하는 것처럼, 탐심도 실제로 아무것도 아니면서 우리의 삶 전체를 지배하려고 합니다. 우상 숭배는 사람의 가치를 가장 비참하고 낮아지게 만듭니다. 그래서 사람이 악한 정욕과 탐심에 빠지면 자신의 가치가 쓰레기같이 되어서 결국 버려지게 됩니다. 신앙생활을 해도 처음부터 바른길을 찾는 것이 중요합니다. 우리가 길을 바로 찾지 않으면 남들이 가는 길을 따라서 가게 되어 있기 때문입니다.

그러나 이것들로 말미암아 하나님의 진노가 임한다고 했습니다. 여기서 하나님의 진노라는 것은 하나님이 즉시 심판하신다는 뜻입니다. 이런 것들이 하나님의 축복을 가로막고 인간을 비참하게 만듭니다. 이런 삶의 끝에는 아무 열매가 없습니다. 즉 하나님 앞에서 내놓을 것이 아무것도 없게 되는 것입니다.

2. 옷을 벗어버리기

우리가 새 옷을 입으려면 더러운 옷을 벗어버려야 합니다. 누구든지 더러운 옷을 입고 있으면 얼른 벗어버리고 새 옷을 입으려고 할 것입니다. 뱀 같은 파충류는 어느 정도 자라게 되면 허물을 벗습니다. 그런데 우리가 어떻게 육체의 껍질을 벗어버릴 수 있겠습니까?

3:7-8, "너희도 전에 그 가운데 살 때에는 그 가운데서 행하였으나 이제는 너희가 이 모든 것을 벗어 버리라 곧 분함과 노여움과 악의와 비방과 너희 입의 부끄러운 말이라"

옛날에는 우리가 음란과 부정과 사욕과 탐심의 바다에 빠져서 살았습니다. 우리 입 안에는 음란과 탐심과 부정의 소금물이 자꾸 들어갔습니다. 그러다가 어느 날 예수님이 우리를 그 사망의 바다에서 건져내어 주신 것입니다. 그런데 놀라운 것은 우리가 때로는 그 바다에 도로 빠지고 싶을 때도 있고 그 후유증이 남아 있을 때도 있다는 것입니다. 그래서 일이 뜻대로 잘되지 않으면 도로 강이나 바다에 빠져서 죽으려고 합니다. 우리는 삶의 의욕이 있어야 하는데 자꾸 이 세상을 살다 보면 생의 의욕이나 살 재미가 없어지는 것입니다. 우리는 삶의 의미를 다른 사람을 사랑하는 데서 찾아야 하는데 요즘은 그런 사랑을 찾기가 어렵습니다. 그러나 교회 안에서 찾으면 됩니다. 교인들이 우리의 이웃이고 형제입니다. 거기서부터 사랑은 발전하는 것입니다.

여기서 사람의 가장 더러운 옛 옷은 분노라고 말하고 있습니다. 그래서 "분함과 노여움"을 벗어버리라고 했습니다. 우리가 마음속에 분함과 노여움을 가지는 것은 다른 사람이 나에게 먼저 화를 내었기 때문입니다. 그런데 그것을 오래 참고 있으면 이것이 스트레스가 되어 화병이 생기면서 분노가 폭발하게 됩니다. 그래서 어떤 때는 신앙이 좋은 사람들끼리도 소리 지르고 욕하면서 싸우는 모습을 보게 됩니다. 이것은 이미 분함과 노여움이 병이 된 것입니다. 우리에게 이런 병이 있는 것을 솔직하게 인정해야 합니다.

요즘 남자나 청소년 중에서 자살하는 사람들이 많이 있습니다. 이들은 남을 공격할 수 없으니까 자기를 죽이는 것입니다. 그래서 우리는 항상 주의해서 옆의 사람들을 보고 있다가 약한 사람들에게 관심을 갖는 것이 좋습니다. 누군가가 자신에게 관심을 가져주면 자살은 잘 하지 않기 때문입니다. 그런데 요즘은 모든 사람에게 퍼지고 있는 나쁜 병이 바로 욕설입니다. 어떤 목사님은 설교하면서 욕을 그렇게 많이 하는 분이 있습니다. '이 ××, 저 ××'는 보통이고 더 심한 욕설을 퍼붓는 사람들이 많이 있습니다. 이런 욕설은 자신의 품격을 깎아내리는 것인데도 이런 말을 막 해야 직성이 풀리는 것 같습니다.

이어서 "악의와 비방과 너희 입의 부끄러운 말이라"고 했습니다. 직위가 높은 사람이 밑에 있는 사람에게 욕을 퍼붓는 경우가 있습니다. 그러면 그 부하 직원은 화장실에 가서 또 욕을 퍼붓는 것입니다. 욕은 자신이나 상대방의 품격을 떨어트리는 부끄러운 말입니다. 그래서 서양 사람들은 어렸을 때부터 좋은 시를 많이 암송해서 외우기도 함으로 그런 긴장감을 멋진 유머 감각을 가지고 풀어가기도 합니다. 그리고 욕을 해야 할 상대 같으면 아예 상종하지 않으면 됩니다. 이 세상에서 가장 더러운 옷이 욕을 하는 것인데, 그런 더러운 옷을 뒤집어쓸 필요가 없기 때문입니다.

3. 지식까지 새로워지다

만약 돼지에게 아무리 구정물 먹지 말라고 야단쳐도 소용없을 것입니다. 돼지는 구정물을 마시고 그 안에 있는 음식 찌꺼기를 먹는 것이 가장 좋기 때문입니다. 또 하이에나나 들개는 시체도 얼마든지 잘 먹습니다. 만약 하이에나에게 깨끗한 음식만 먹으라고 한다면 화를 낼 것입니다. 이와 마찬가지로 우리는 옛날에 야생동물의 본성을 가지고 있었으므로 아무것이나 먹고 아무것이나 마셨습니다. 우리의 본성 자체가 더러워서 더러운 것을 본성적으로 좋아했습니다. 그래서 우리는 부정한 것을 좋아하고 남 괴롭히는 것을 좋아하고 훔치는 것을 좋아했습니다. 우리는 예수를 믿으면서 이런 더러운 껍질을 완전히 벗게 되었을 뿐 아니라 하나님의 모습을 가지게 되었고 지식에까지 엄청나게 새로워지게 되었습니다.

> 3:9-10, "너희가 서로 거짓말을 하지 말라 옛 사람과 그 행위를 벗어 버리고 새 사람을 입었으니 이는 자기를 창조하신 이의 형상을 따라 지식에까지 새롭게 하심을 입은 자니라"

여기 "너희가 서로 거짓말을 하지 말라"고 했습니다. 인간이 머리가 얼마나 좋은지, 상상하면서 진실한 태도로 거짓말을 하기 때문에 듣는 사람은 모두 깜박 속아 넘어가게 되어 있습니다. 그것이 바로 마귀가 하는 짓입니다. 마귀는 얼마나 거짓말에 능숙한지 한번 들으면 다 속아 넘어가게 되어 있습니다. 그래서 인간은 하나님이 안 계신다고 믿고, 천국과 지옥은 없다고 생각하고, 죄짓는 사람이 더 멋있는 사람이라고 속고 있습니다.

그러나 우리는 옛 사람과 그 행위를 벗어버리고 새 사람을 입었습니다. 이것은 새 지위를 얻었다는 뜻입니다. 우리는 하나님 아들의 자격을 얻게 되었습니다. 쉽게 말하면 천사의 자격을 얻은 것입니다. 천사는 거짓말을 할 필요가 없고 오히려 거짓말을 가장 싫어할 것입니다. 천사는 욕을 하지 않습니다. 아마 욕하는 천사가 있다면 천사가 아니라 가짜 천사일 것입니다. 한번은 우리 교회 여자 중학생이 성탄

절에 천사 날개를 달았습니다. 그런데 진짜 천사같이 보였습니다. 얼마나 멋있고 거룩한 모습이었는지 모릅니다.

그런데 우리는 "지식에까지 새롭게 하심을" 입었습니다. 그래서 우리는 무엇이 옳고 그른 것인지 알게 되었습니다. 창세기에 보면 마귀가 하와에게 선악을 알게 하는 나무를 먹으면 하나님처럼 선악을 알게 된다고 유혹했습니다. 그러나 그것은 거짓말이었습니다. 인간은 선악 중에서 악만 알게 되었던 것입니다. 우리는 성경을 이해할 수 있습니다. 성경을 해석해서 설교할 수 있습니다. 성경을 묵상해서 나의 양식으로 삼을 수 있습니다. 그러면 최고의 지식인이 되는 것입니다. 세상의 아무리 지식인이라 하더라도 우리같이 성경을 알 수 없습니다.

그리고 우리는 또한 죄의 결과를 알고 있습니다. 사람들은 음란한 사랑을 하면 행복하다고 말하지만, 우리는 죄의 삯은 사망이라는 사실을 압니다. 즉 둘 중 하나가 자살하든지 아니면 누군가가 그들을 죽이게 되는 것입니다. 부정의 결과는 부자라고 생각하지만, 부정의 결과는 언젠가는 들통이 나서 감옥에 들어가는 것이라는 사실을 알게 됩니다. 우리는 죄의 결과를 알기 때문에 죄가 아무리 유혹해도 넘어가지 않는 것입니다.

11절 끝에 보면 "오직 그리스도는 만유시요 만유 안에 계시니라"고 했습니다. 예수님은 우주 전체의 주인이십니다. 그리고 예수님은 우주 안에 일어나는 모든 일을 다 알고 계십니다. 우리는 늘 넘어집니다. 그러나 첫걸음이 중요합니다. 하나님을 향하여 첫걸음을 걸으면 계속 걸어갈 수 있습니다. 넘어지면 또 일어나서 걸어가면 됩니다. 우리는 우주를 꽉 채우고 계신 예수님을 바라보면서 걸어가야 합니다.

12

천사보다 나은 사람

골 3:12-15

우리나라에서는 연말이 되면 기부 천사라는 말을 듣는 사람이 나타납니다. 그 사람은 자신의 정체를 전혀 드러내지 않고 적지 않은 돈을 어려운 사람들에게 주라고 부탁하고 사라지기 때문입니다. 그래서 이런 사람을 얼굴 없는 천사라고 말하기도 합니다. 그러나 오늘 우리 중에는 천사를 직접 만난 사람은 거의 없을 것입니다. 하나님의 천사는 신약 성경에 예수님이 태어나실 때나 사도들이 복음을 전할 때 잠시 나타났다가 그 후에는 전혀 나타나지 않았기 때문입니다. 그러나 우리는 한번 만났으면 좋겠다고 생각합니다. 천사는 신기하기도 하고 그 옷과 얼굴에서 나오는 빛이 너무나도 아름다울 것이기 때문입니다. 어떤 사람은 천사들이 부르는 노래는 너무나도 아름다우리라 생각합니다.

어떤 사람이 너무 낙심되고 좌절되어서 달리는 열차에 뛰어들려고 할 때 옆에서 어떤 청년이 허리를 껴안고 뒹굴어서 열차에 뛰어들지 못하게 했다면 그 청년은 천사 같은 사람일 것입니다. 프랑스에서는 어떤 아기가 아파트의 베란다를 넘어서 벽에 매달려 있었는데 한

흑인이 보고 벽을 바로 타고 올라가서 그 어린아이를 건져내었습니다. 그래서 프랑스 대통령은 이 흑인에게 고맙다고 영주권을 주었다고 합니다. 우리나라의 어떤 아파트에서 어떤 부부가 싸움하다가 홧김에 한밤중에 불을 질렀는데, 한 청년이 자기는 피하면 충분히 살 수 있지만 잠자는 사람들을 건지기 위해서 집집마다 문을 두드리면서 불이 났다고 깨웠는데 정작 자기는 유독 가스를 많이 마셔서 죽은 일이 있었습니다. 우리는 이런 사람들을 천사보다 나은 사람들이라고 말할 수 있을 것입니다.

우리는 예수 믿기 전에는 캄캄한 밤중에 더러운 늪에 깊이 빠져 죽어가고 있었습니다. 그런데 어느 순간 구조 헬기가 나타나서 우리의 얼굴에 빛을 비추고 이어서 구조대원이 우리를 건져내었습니다. 그리고 우리 몸 안에 있는 더러운 물을 다 토하게 하고 우리를 씻기고 깨끗하게 치료해서 새 사람으로 만들어놓았습니다. 만약 우리가 마신 그 더러운 물을 토하지 않으면 결국 온몸에 병균이 퍼져서 죽게 될 것입니다. 그리고 온몸을 뒤덮고 있는 더러운 오물들도 다 씻어내어야 할 것입니다.

이렇게 세상에서 건짐받고 난 후 우리는 하나님의 파티에 참여하게 됩니다. 여성들은 모두 멋진 드레스와 높은 구두를 신고 파티에 참여하게 되고, 남자들은 멋진 연회복을 입고 나비넥타이를 매고 파티에 참여하게 될 것입니다. 과연 이것이 우리에게 가능한 일일까요? 우리는 조금 전까지만 해도 자살하려고 했고 구정물 늪에 빠져 있었는데, 어떻게 이제는 삶의 의욕이 가득 차고 최고로 멋진 드레스와 옷을 입고 왕의 잔치에 참석하는 자가 될 수 있을까요? 우리가 성경이 가르쳐주는 대로 하기만 하면 틀림없이 그런 사람이 될 수 있습니다. 즉 천사보다 나은 사람이 될 수 있는 것입니다.

1. 하나님이 택하신 사람

우리가 예수 믿고 새 사람이 된 것은 하나님께서 우리를 택하셨기 때문입니다.

3:12, "그러므로 너희는 하나님이 택하사 거룩하고 사랑 받는 자처럼 긍휼과 자비와 겸손과 온유와 오래 참음을 옷 입고"

하나님은 우리를 택하사 구조 헬기를 보내셨습니다. 여기서 "거룩하고"라는 것은 더러운 물에서 '건져내었다'는 뜻입니다. 우리는 원래 세상의 흙탕물에 휩쓸려서 죽음으로 떠내려가고 있었습니다. 그런데 하나님은 우리를 살리시기로 찍으신 것입니다. 여기서 더 놀라운 것은 하나님의 사랑이 우리에게 가져온 변화입니다. 우리가 하나님을 만나기 전까지만 해도 진정한 사랑이라는 것을 몰랐습니다. 우리는 그저 사랑이라고 해봐야 남녀 사이의 본능적인 사랑을 알았을 뿐입니다. 그러나 진정한 사랑은 내 자신의 가치도 깨닫고 다른 사람의 가치도 깨닫는 것을 말합니다.

하나님의 사랑이 우리의 인생에 미친 영향은 말할 수 없이 큽니다. 무엇보다 하나님의 사랑은 우리 자신이 사랑받는 가치 있는 존재라는 것을 깨닫게 했습니다. 사람들이 술을 그렇게 많이 마시는 이유는 자신을 사랑하지 않기 때문입니다. 자신이 술에 취해서 엉망진창인 더러운 구정물에 뒹굴기 위해서 술을 마시는 것입니다. 술을 마시면 짐승과 같이 행동하고 짐승과 같이 말하는 것을 보게 됩니다. 담배를 피우는 것도 마찬가지입니다. 사람들은 무엇인가 연기를 피워야 안심이 되는 것 같습니다. 연기가 하나의 벽이나 가면 역할을 하는 것입니다.

그러나 하나님의 사랑은 우리를 있는 모습 그대로 사랑하게 했고 나의 모든 것을 사랑하게 했습니다. 그래서 누구든지 하나님을 만난 후에는 술도 버리고 담배도 끊어버립니다. 이제는 더 이상 술에 취해서 비틀거리는 일이 없게 됩니다. 또한 하나님은 우리만 사랑받을 자격이 있는 것이 아니라 다른 사람들도 모두 사랑받을 가치가 있다는 것을 알게 하십니다. 하나님은 시궁창에 빠져 있던 우리를 최고의 귀족으로 만들어주셨습니다. 그래서 우리는 멋진 드레스와 다이아몬드 목걸이와 높은 구두를 신고 파티에 참여하는 자가 된 것입니다.

그래서 주님은 우리에게 반드시 멋진 새 드레스를 입어야 한다고 말씀하셨습니다. "긍휼과 자비와 겸손과 온유와 오래 참음을 옷 입고"라고 했습니다. "긍휼과 자비"는 어려움을 당한 사람을 불쌍히 여기는 것입니다. 이 세상의 모든 사람은 불쌍한 처지에 있습니다. 그들은 모두 시궁창 물에 빠져 있고, 깊은 상처를 입은 맹수와 같기 때문입니다. 우리는 그 사람들을 건져주고 부상한 맹수를 치료해주고 싶습니다. 그러나 본인들은 그것을 원치 않습니다. 그때 우리는 이 세상 사람들에 대하여 한없이 불쌍히 여기는 마음을 가지게 됩니다. 우리가 옛날에는 세상에서 성공했거나 잘 나가는 사람을 한없이 부러워했습니다. 그러나 이제는 그들이 불쌍해지는 것입니다. 그래서 그 사람들을 만나면 무엇인가 해주고 싶은 것입니다. 그런데 이런 작은 관심이 이 세상에서 부요한 자들에게 큰 감동이 될 수 있습니다. 세상에서 많은 것을 가진 자라도 실제로 마음속은 가난하기 때문입니다. 그런 이들에게 먹을 것을 주고 따뜻하게 대해주면 굉장히 좋아합니다.

그리고 하나님의 백성에게 "겸손"은 아주 중요합니다. 겸손은 우리가 세상의 더러운 것을 다 뱉어낸 증거이기 때문입니다. 겸손은 자신을 남 위에 두려고 하지 않고 다른 사람을 진정으로 인정해주는 것입니다. 겸손한 자는 남을 무시하거나 업신여기지 않습니다. 겸손한 자는 다른 사람을 진실하게 대합니다. 그리고 다른 사람이 이야기하면 진지하게 받아줍니다.

또 “온유와 오래 참음을 옷 입고”라고 했습니다. 온유는 공격적이지 않은 것입니다. 즉 다른 사람으로 하여금 좋은 것을 다 가지게 하고, 자기는 남이 남긴 부스러기로 살려고 하는 것입니다. 그래도 이 부스러기만 모아도 열두 광주리가 넘치게 됩니다. 우리는 세상에서 공격적인 사람들 앞에서 온유해야 합니다. 그러면 세상 사람들은 이상하게 생각할 것입니다. 그런데 그 사람이 실력 있는 사람이라는 것을 알면 두려워하게 될 것입니다. “오래 참음”은 사람이 빨리 변하지 않는다는 것을 아는 것입니다. 우리도 오랜 세월에 걸려서 변한 것처럼 다른 사람들도 오랜 시간에 걸쳐서 변하게 되는데, 그동안 넘어지고 또 넘어지면서 실망시킬 때가 많이 있을 것입니다. 그래서 그리스도인에게는 이 다섯 가지의 드레스가 있습니다(긍휼, 자비, 겸손, 온유, 오래 참음). 이 다섯 가지의 옷은 하나님이 우리에게 주신 것입니다. 우리가 이 옷들만 입고 있으면 얼마든지 천사보다 나을 수 있습니다. 사람들은 더 이상 천사를 찾을 필요가 없는 것입니다.

2. 분노와 불만의 처리

우리는 이 세상에 사는 이상 화가 나지 않을 수 없습니다. 이것은 다른 말로 표현하면 분노나 복수심이라고 말할 수 있습니다. 어떤 사람이 나를 지나치게 무시한다든지, 소리 지르거나 욕을 해서 나를 비참하게 한다든지, 억울한 누명을 씌운다든지 하면 저절로 화가 나게 됩니다. 사람의 분노는 다른 사람이 자기에게 해준 그대로 갚아주어야 사라지고 시원해집니다. 그러나 분노라는 것은 끓는 물과 같아서 이것을 상대방에게 부어버리면 상대방의 얼굴이 화상 입게 되고, 이것을 내 안에 넣고 참으면 내 속이 화상을 입게 됩니다.

그러나 하나님은 이런 불만을 용납하라고 하셨습니다.

3:13, "누가 누구에게 불만이 있거든 서로 용납하여 피차 용서하되 주께서 너희를 용서하신 것 같이 너희도 그리하고"

여기 "용납하라"는 것은 그것을 일일이 따지지 말고 그러려니 하고 이해하라는 뜻입니다. 예수님께서는 우리에게 "원수를 사랑하라"고 하셨습니다. 그러나 누구든지 미워하는 사람을 사랑해보려고 하면 정말 사랑하기 싫을 때가 많습니다. 사실 누군가가 나를 미워하는데, 그 사람을 내가 갑자기 사랑해서 그에게 맛있는 것도 사주고 옷도 사준다는 것은 불가능한 일입니다. 그러나 우리가 다른 사람이 밉다고 해서 무조건 그 인격을 무시하지 말고 '저 사람에게 그럴만한 무슨 사정이 있겠지' 라고 이해하려고 하면 미운 마음이 적어지게 됩니다. 그것이 바로 사랑하기 시작하는 것입니다.

주님은 자신을 여러 번 배반하고 십자가에 못 박은 우리를 용서하셨습니다. 예수님은 가룟 유다의 배반을 알고서도 용납하셨습니다. 하물며 우리 같은 사람들에게는 가룟 유다 같은 가시가 있는 것이 당연합니다. 그러나 우리가 그 가시를 무리해서 뽑으려고 하면 우리 자신이 죽을 수 있습니다. 가시를 그냥 두고 기쁨으로 살다 보면 어느 날 이상하게 그 가시가 저절로 뽑혀 버릴 때가 있습니다. 이때가 바로 축복의 때인 것입니다. 그런데 우리는 가시가 없어지면 또 마음이 교만해지고 정욕으로 흐르게 되기 쉽습니다. 그래서 주님은 사도 바울에게 육체의 가시를 그냥 가지고 살아가라고 말씀하셨습니다. 왜냐하면 그 가시까지 없어지면 사도 바울이라도 마음이 교만해질 수 있기 때문입니다(고후 12:7).

3:14, "이 모든 것 위에 사랑을 더하라 이는 온전하게 매는 띠니라"

우리가 이 말씀에서 위에서 말씀하신 것이 내의부터 하나씩 입는 옷이라는 것을 알 수 있습니다. 신사가 양복을 입으려고 하면 양복만 입는다고 해서 되는 것이 아니라 위의 내의와 아래 내의를 입고, 와이셔츠를 입고, 그 위에 조끼도 입고 넥타이나 나비넥타이를 매고, 바지를 입고 그 위에 허리띠를 동인 후에 양복 윗도리를 걸치게 되는 것입니다.

남자가 옷을 입을 때 가장 중요한 것이 허리띠를 매는 것입니다. 허리띠를 매지 않으면 바지가 내려가게 됩니다. 그래서 사랑이 우리가 온전하게 매는 띠라고 했습니다. 사랑은 남을 위해서 자신을 희생하는 것입니다. 우리가 남을 위해서 나 자신을 희생하는 것은 너무나도 아까운 일입니다. 다른 사람이 도대체 뭐기에 우리 인생을 버려야 합니까? 그러나 하나님의 백성은 다른 사람들을 위하여 언제든지 자신을 희생할 준비를 하고 있어야 합니다.

3. 그리스도의 평강

예수님은 이 세상에 평화를 주시기 위하여 오셨다고 말씀하셨습니다. 그러나 우리 주위에는 늘 긴장이 있고 다툼과 분열이 있습니다. 그래서 이 세상에서는 힘이 센 사람이 늘 이기고 큰소리 치는 것을 볼 수 있습니다. 북한은 핵무기를 만들어서 우리를 위협하고 있고, 미국도 옛날같이 우리의 평화를 지켜주려고 하지 않습니다. 이럴 때 우리가 늘 예수님의 평화만 생각하고 있으면 힘이 있고 강한 자에게 당하지 않을까요? 우리가 예수를 믿고 난 후에는 무엇이 옳은 것인지 알게 되었습니다. 즉 우리 모두의 마음속에는 정의감이 생기게 되었습니다. 정의라는 것은 옳은 것으로 불의를 이겨야 되는 것이지, 입을 다물고 있으면 바른 정의라고 볼 수 없을 것입니다. 우리 주위에는 언제든지 우리를 삼키려는 무리가 있고 나라들 사이에도 강한 나라는 언제나 약한 나라를 잡아먹으려고 호시탐탐 노릴 때가 많이 있습니다.

그런데 여기 "그리스도의 평강"이라는 말은 그냥 '평강'이 아닙니다. 즉 돈이 많고 시대를 잘 타고나서 자기 마음대로 살 수 있는 평화가 아닙니다. 여기서 그리스도의 평강은 모든 고통과 시련을 다 이겨낸 평화를 말합니다. 예수님은 가난하셨고 주위에 아픈 사람들도 굉장히 많았습니다. 그리고 유대 사회는 예수님을 시기했고 말로 대적했으며 성전에서 불의한 일을 저질렀습니다. 유대 지도자들은 예수님을 자칭 메시아라고 해서 유죄 선고를 내리고 로마 군병들은 예수님을 채찍질하고 나중에는 십자가에 못 박아 처형해버렸습니다.

그러나 예수님은 그 사망의 구렁텅이에서 자신의 무죄를 증거하시고 사망의 세력을 깨트리셨습니다. 인간이 죽지 않을 수만 있다면 얼마든지 평화로울 수 있습니다. 사람이 다른 사람에게 하는 가장 악한 행동은 죽이는 것입니다. 그러나 예수님은 사망을 이기셨습니다. 예수님의 이름만 부르면 누구든지 언제 죽었든지 상관없이 다 살아서 나오게 됩니다. 예수님은 마귀의 머리를 깨셨습니다. 그리고 예수님은 무덤에서 부활하셔서 두려워 떨고 있는 제자들에게 "너희에게 평강이 있을지어다"라고 문안하셨습니다. 그래서 그리스도의 평강은 이 세상의 죄와 미움과 살인과 죽음을 다 이기신 평강인 것입니다.

예수님은 죽었다가 살아나신 후 더 강해지셨습니다. 그래서 하나님께서는 세상의 권력자들과 왕들이 예수님을 대적하는 것을 보시고 "어찌하여 이방 나라들이 분노하며 민족들이 헛된 일을 꾸미는가 … 하늘에 계신 이가 웃으심이여 주께서 그들을 비웃으시리로다"(시 2:1, 4)라고 말씀하셨습니다. 하나님께서는 인간들이 분노하고 서로 죽이며 더욱이 예수님을 부인하고 대적할 때 비웃으신다고 경고하셨습니다. 예수님은 죽음에서 살아나신 후에 더 강한 자가 되셨고 악한 자들을 두들겨 부수는 전문가가 되셨기 때문입니다. 그는 쇠몽둥이를 가지고 항아리를 부수듯이 악한 자들을 부수실 것입니다.

3:15, "그리스도의 평강이 너희 마음을 주장하게 하라 너희는 평강을 위하여 한 몸으로 부르심을 받았나니 너희는 또한 감사하는 자가 되라"

예수님께서는 굳이 우리까지 악한 자와 싸울 필요가 없다고 말씀하셨습니다. 왜냐하면 예수님은 악한 자와 싸우는데 선수이시기 때문입니다. 그래서 예수님은 악한 자를 대적하지 말라고 하셨습니다. 누가 오른편 빰을 때리면 왼편을 돌려대고, 속옷을 달라고 하면 겉옷까지 주며, 오리를 짐을 들고 가게 하면 십리라도 가라고 하셨습니다(마 5:39-41). 왜냐하면 예수님께서 이들이 우리로부터 빼앗아간 모든 것을 다 갚아주실 것이기 때문입니다. 그래서 우리는 이 세상에 평화의 사도들입니다. 우리는 굳이 악한 자와 싸울 필요가 없는 것입니다.

자기 분수를 넘어서서 악을 행하는 자들은 모두 그리스도의 쇠몽둥이에 박살이 나게 됩니다. 그래서 우리까지 굳이 악한 자를 대적해서 싸울 필요가 없습니다. 오히려 우리는 감사하는 자가 되어야 합니다. 왜냐하면 주님이 우리와 함께하시기 때문입니다. 그리고 십자가의 고통을 잊지 않도록 고난을 주시기 때문입니다. 이렇게 사는 자들은 천사보다 나은 자들입니다. 우리는 한 몸이기 때문에 성령으로 충만하면 기적이 일어나고 기도 응답이 일어나게 됩니다. 우리는 이런 믿음의 거인입니다.

13

변화된 생활

골 3:16-25

우리나라에서 강의도 잘하고 달변이신 한 교수가 있습니다. 이 분은 교수 중에서도 영시나 한시 또는 우리말 시를 가장 잘 외우는 분으로 알려져 있습니다. 이분은 자기가 이렇게 잘하게 된 계기는 자기를 미워해서 감옥에 넣은 그 당시 독재했던 대통령 때문이라고 했습니다. 그가 데모도 하고 정부에 대하여 쓴소리도 자꾸하니까 대통령은 그를 감옥에 넣어버렸습니다. 그는 감옥 안에서 할 일이 없어서 책만 닥치는 대로 한 오백 권 정도 읽었다고 합니다. 이렇게 한 오백 권을 읽고 나니까 어떤 주제를 가지고 이야기해도 속에서부터 줄줄 내용이 흘러나와서 아주 해박한 지식을 가지게 되었다고 했습니다.

겉으로 부요한 사람이 있는가 하면, 겉으로는 부요하지 않아도 속으로 부요한 사람이 있습니다. 돈을 많이 벌었지만 아는 것이라고는 돈밖에 없는 사람이 있습니다. 이 사람은 다른 사람을 만나면 항상 돈 이야기만 했습니다. 이 사람은 내면적으로 엄청나게 가난한 사람입니다. 속으로는 아는 것이 아무것도 없기 때문입니다. 그래서 우리나라의 대재벌 회장들을 보면 정치하는 사람에게 내내 끌려다니는 것을 볼 수 있습니다. 무슨 철학이 있는 것도 아니고 뚜렷한 기준이 있는 것도 아니기 때문에 그냥 불려 다니는 수밖에 없고 돈으로 아랫사람들에게 큰소리치는 수밖에 없는 것입니다.

사도 요한 같은 경우에는 겉으로 보기에는 아무것도 가진 것이 없는 가난한 사람이었습니다. 그러나 그의 마음속에는 하나님의 말씀으로 가득 차 있었습니다. 밧모섬에 죄수로 귀양을 갔지만 마음속에는 천국의 환상으로 가득 차 있어서 엄청난 비전과 환상을 말했습니다. 우리 그리스도인들은 모두 다 변화된 사람들입니다. 그래서 예수를 믿고 난 후에는 모두 겉으로만 부요한 사람이 아니라 내면적으로 부요한 사람이 된 것입니다.

전 세계적으로 유명한 기업가들이 있습니다. 그들은 마이크로소프트사의 빌 게이츠와 이미 고인이 된 애플사의 스티브 잡스, 그리고 구글의 전 회장 에릭 슈미트입니다. 이들이 가진 돈은 아마 수백조 원이 넘을 것입니다. 그러나 이 사람들보다 더 큰 부자가 있습니다. 그것은 한평생 성경 말씀만 죽으라고 파내어서 우리 모두를 부요케 한 하나님의 말씀입니다. 우리가 겉으로만 부요하면 돈만 가지고 할 수 있는 것만 하지만, 하나님의 말씀으로 부요하면 온 천하를 만드신 하나님을 움직일 수 있습니다.

1. 부요한 사람들

사람들은 어떻게 해서든지 모두 부자가 되려고 노력합니다. 부자가 되면 넓고 화려한 집에서 살 수 있고, 여러 하인도 부릴 수 있고, 사람들의 존경을 받으면서 살 수 있을 것입니다. 어떤 집에는 돈은 많은데 자식이 없는 집이 있는가 하면, 어떤 집은 돈은 없지만 머리가 좋고 예쁜 자식이 많은 집이 있습니다.

그러나 이 세상에서 최고의 부자는 말씀의 부자이고 믿음의 부자입니다. 모세는 가진 것이 지팡이 하나밖에 없었지만, 열 가지 기적이 일어나게 역사했고 그 부자나라 애굽을 초토화했으며 홍해를 갈라지게 했습니다. 엘리야는 가진 것이 외투밖에 없었지만, 하늘에서 불이 떨어지게 했고, 3년 반 동안 오지 않던 비가 쏟아지게 했습니다. 다윗은 왕이기도 했지만 그에게는 끊임없는 영감이 솟아나서 주옥같은 시편을 남기기도 했습니다. 그런데 우리에게 가장 이해되지 않는 것은 도대체 믿음의 부자가 무엇이냐 하는 것입니다. 부자라고 하면 돈부자가 최고일 텐데, 믿음의 부자는 도대체 어디에 써먹을 수 있겠습니까? 사실 이것이 우리 크리스천에게 가장 헷갈리는 문제입니다.

3:16, "그리스도의 말씀이 너희 속에 풍성히 거하여 모든 지혜로 피차 가르치며 권면하고 시와 찬송과 신령한 노래를 부르며 감사하는 마음으로 하나님을 찬양하고"

하나님의 말씀이 우리 안에 풍성하게 거한다는 것은 평소에 하나님의 말씀을 많이 들어서 우리 속이 하나님의 말씀으로 가득 차 있는 것을 말합니다. 물통에 물을 가득 받아 놓으면 물통 가장자리는 물로 찰랑찰랑합니다. 아마 그 물통을 옮기려면 물이 밖으로 넘치게 될 것입니다. 그런데 우리 안에 하나님의 말씀이 충만하면 그만큼 성령이 충만하게 됩니다. 성령이 충만하다는 것은 우리 자신과 성령이 완전히 일치하는 것을 말합니다.

하나님의 말씀이 우리 안에 꽉 차게 되면 성령님과 우리 자신이 완전히 일치하게 됩니다. 이때 바로 모세와 엘리야 같은 능력이 나타나게 됩니다. 모세와 대결했던 애굽의 바로는 금이 많았고, 군대와 말도 많았습니다. 그러나 모세는 오직 하나님의 지팡이 하나만 가지고 있었습니다. 그런데 모세의 지팡이에서는 온갖 능력이 다 나왔습니다.

그러니 애굽의 바로는 모세의 능력 앞에서 완전히 박살이 나고 말았습니다.

엘리사는 스승 엘리야가 쓰던 외투 하나만 물려받았습니다. 그러나 그는 빚을 갚지 못한 과부를 위해 이웃에게 빌린 그릇마다 기름으로 가득 차게 하는 기적을 베풀었습니다. 아람 왕은 엘리사를 잡으려고 밤에 군대를 보내어 도단성을 완전히 포위했는데 엘리사의 사환은 엘리사가 그를 위하여 기도하자 그 성을 지키고 있는 하늘의 불말과 불병거를 보게 됩니다.

그래서 하나님의 말씀은 우리 안에 조금 있으면 안 되고 풍성히 있어야 합니다. 그래야 소리가 나지 않고 우리가 성령님과 똑같이 움직이게 됩니다. 교회도 좋은 교회일수록 소리가 나지 않습니다. 그러나 시끄러운 교회는 질이 떨어지고 하나님의 말씀이 없는 교회입니다. 그래서 "모든 지혜로 피차 가르치며 권면하라"고 했습니다. 우리는 서로에게 배움을 받을 수 있습니다. 나이 드신 어른이 가르쳐주실 수 있습니다. 우리는 때때로 젊은이들에게서도 새로운 것을 배울 수 있습니다.

그리고 우리에게 중요한 것은 노래입니다. 노래는 말로 하기에는 너무나도 기쁠 때 노래를 부르게 됩니다. 요즘 사람들이 입으로 가장 많이 하는 것은 욕입니다. 입을 벌리기만 하면 욕을 하는 사람들이 많습니다. 그러나 옛날에는 이루어지지 않은 사랑이나 연인들이 헤어지면서 느꼈던 그 아픈 감정을 노래로 불렀습니다. 사람들이 그런 노래에 공감하는 이유는 누구든지 다 그런 아픈 사연들이 있고, 또 그때는 너무나도 마음이 순수하였기 때문입니다.

그런데 우리 성도들이 하나님의 말씀을 깨닫거나 하나님의 응답을 받거나 혹은 하나님의 축복을 받으면 너무 기쁘지만 말로 다 표현하지 못할 때가 있습니다. 또 하나님은 우리가 말씀과 기도로 하나님께 나아가기를 기뻐하시지만, 찬송 가운데 함께 하시는 분이십니다.

그러므로 우리가 진심으로 찬송을 부를 때 그 찬송 가운데 하나님은 임하십니다. 물론 슬프면 울 수도 있지만, 찬송을 부르면 그 슬픔이 찬송 속에 녹아서 위로가 되고 기쁨이 됩니다. 그리고 우리가 찬송을 부르고 있을 때는 우리는 잘 느끼지 못하지만, 우리가 부르는 찬송에 굉장한 권세와 두려움이 있습니다. 그래서 마귀가 가장 싫어하는 것이 성도들이 찬송하는 것입니다. 사도 바울과 실라가 빌립보에서 채찍으로 맞고 깊은 감옥에 갇혀서 찬송을 불렀을 때 지진이 나고 옥문이 흔들리면서 모든 쇠사슬이 다 풀어져 버렸습니다(행 16:25-26).

옛날에는 성도들이 주로 시편의 시로 노래를 불렀습니다. 지금도 복음송 중에는 시편에서 인용한 복음송이 아주 많습니다. 그 복음송을 생각하면서 시편을 읽으면 그 내용이 살아나는 것 같습니다. 그리고 시편은 아니지만 교회가 공인한 찬송이 있었습니다. 지금 우리 같으면 찬송가에 해당됩니다. 이런 찬송가는 교리적인 내용이 많습니다. 즉 보석 같은 찬송입니다. 그리고 여기 "신령한 노래"라는 것은 우리로 치면 개인이 지은 복음송을 말합니다. 지금 우리나라에 복음송이나 CCM이 없었더라면 청년과 청소년들이 부를 수 있는 노래가 매우 적었을 것입니다.

또 우리에게 "감사하는 마음으로 하나님을 찬양하라"고 했습니다. 우리 아버지는 너무나도 좋으신 분이십니다. 여호와 이레의 하나님은 우리가 생각하지 못한 것이나 잃어버린 것들을 다 챙겨주시는 아버지이십니다. 그러나 우리는 다른 성도들에게도 감사합니다. 왜냐하면 같이 하나님을 믿으니까 더 힘이 나고 기쁘기 때문입니다.

2. 새로운 가정

남자들이 가장 여성들을 학대하는 나라는 이슬람일 것입니다. 이

슬람교는 그것이 여성을 보호하는 길이라고 생각할지 모르겠지만 실제로는 여성들을 바보로 만들고 있는 것입니다.

3:18, "아내들아 남편에게 복종하라 이는 주 안에서 마땅하니라"

여성들이 예수를 믿게 되면 자신의 가치를 깨닫게 됩니다. 그리고 남편들이 하는 일이 얼마나 엉터리이며 부당한지 알게 됩니다. 그렇다고 해서 아내들이 남편을 업신여기면 이들은 더 교회를 미워하게 될 것입니다. 그러나 아내들이 남편에게 순종하는 자세를 보이면 기독교를 덜 미워하게 됩니다. 그래서 아내가 예수를 믿고 난 후에는 남편을 무시하는 것이 아니라 더 존중해야 합니다. 왜냐하면 이것이 하나님의 명령이기 때문입니다.

그러나 남편의 말이라도 들을 수 없는 것이 있습니다. 즉 신앙을 버리고 교회 나가지 말라고 하거나 혹은 술을 마시라고 하거나 제사를 드리게 하거나 우상 숭배하라는 말은 들을 수 없습니다. 예수 믿지 않는 남편들은 아내에게 열등감이 있습니다. 그것은 자기가 모르는 세계를 아내가 알고 있기 때문입니다. 그래서 아내가 자기를 무시하면 더 화가 나게 됩니다. 그러나 아내가 자기를 존중해주면 자기는 더 귀한 사람이 되는 것입니다. 성령 충만한 아내는 천사입니다. 천사와 함께 사는 남편은 천사의 남편이니까 얼마나 행복합니까? 아내들은 남편의 의사도 존중할 뿐 아니라 자녀도 자기 마음의 욕심대로 키우면 안 됩니다. 더욱이 여성들이 돈에 욕심을 가지게 되면 세상의 물가는 오르고 부동산이 뛰게 됩니다.

남편들은 아내를 소중하게 대해야 합니다.

3:19, "남편들아 아내를 사랑하며 괴롭게 하지 말라"

여성은 남자에 비하여 힘이 없습니다. 아마 여성이 돈도 있고 힘까지 있었으면 남자들은 모두 다 집에서 쫓겨나고 말 것입니다. 그러나 남자들은 힘이 여자보다 강합니다. 남편이 아내를 사랑한다는 것은 남편이 아내의 꿈을 이루어주는 것을 말합니다. 물론 좋은 옷을 사주고 보석을 사주는 것도 좋지만 하나님 말씀을 듣게 하는 것이 아내를 가장 사랑하는 길입니다. 그리고 "아내를 괴롭게 하지 말라" 고 했습니다. 아내를 비참하게 하면 결국 남편은 비참한 사람의 남편이 되는 것입니다. 아내가 거지라면 남편은 거지 남편이 되는 것입니다. 남편은 할 수 있는 대로 아내가 원하는 것을 다 하게 해주면 좋습니다.

또 아무리 돈이 많아도 돈으로 되지 않는 것이 자녀 문제입니다. 자녀가 어렸을 때는 예쁘고 부모의 말을 잘 듣고 따르지만, 일단 청소년기에 이르고 십대가 되면 부모를 대하는 태도가 반항적으로 됩니다. 그 이유는 자기 자신을 부모로부터 독립시켜서 자기 자신을 찾으려고 하기 때문입니다. 청소년 때는 부모에게 반항하고 친구들과 하나가 됨으로 자기를 찾으려고 합니다. 그래서 친구들과 같이 담배 피우고 술 마시는 것을 좋아하고 심지어 대마초나 마약까지 하기도 합니다. 그리고 부모님은 항상 자기를 어린아이로 생각해서 이래라저래라 명령형으로 말하기 때문에 듣기가 싫은 것입니다. 그러나 자녀는 부모에게 순종해야 합니다.

3:20, "자녀들아 모든 일에 부모에게 순종하라 이는 주 안에서 기쁘게 하는 것이니라"

자녀들이 교회에 나가는데, 부모가 신앙이 없으면 교회에 나가지 말라고 합니다. 세상 부모는 특히 자식들이 교회에 나가서 하루 종일 봉사하고 예배드리는 시간을 너무 아까워합니다. 그래서 예수 믿는 자녀들은 공부도 열심히 해야 합니다. 그러나 자녀들도 부모님의 말씀을 들을 수 없을 때가 있습니다. 부모가 교회에 나가지 말라고 하든지 제사를 드리라고 하면 그것에 순종할 수 없습니다. 또 신앙이 다르면 결혼 대상도 좋아하는 사람이 달라지게 됩니다. 그때 자녀들이 알아야 할 것은 내가 내 인생을 사는 것이지, 내가 부모님의 인생을 살아주는 것이 아니라는 것입니다. 그 대신 부모님이 신앙이 없다고 해서 무시하거나 함부로 대해서는 안 됩니다. 때로는 기다려야 하고 설득해 드려야 합니다.

저도 때때로 제 아이와 의견이 다를 때가 있습니다. 그래서 안 된다고 하면 딸아이는 자기가 아버지를 설득할 수 있다는 믿음이 있는지 차근차근 설명합니다. 저는 그 말이 이해되고 일리가 있으면 얼마든지 오케이를 합니다. 그런데 어머니 중에는 자식 문제가 자기 뜻대로 잘되지 않을 때면 쓸개를 잘라내는 것을 보게 됩니다. 사위가 자기 딸에게 주먹을 휘두른다든지 이혼하자고 한다든지 외박한다든지 하면 부모는 속이 시커멓게 타게 되고 나중에는 심각한 병까지 생기게 됩니다. 자녀들은 사랑하는 사람과 결혼해야 하고 자기가 하고 싶은 것을 해야 합니다. 부모는 자녀의 장래에 대해서도 자녀가 원하는 것이 무엇인지, 잘할 수 있는 것이 무엇인지 들어주는 것이 아주 중요합니다. 그래서 사람 사이의 관계에서 가장 중요한 것은 '경청' 하는 것입니다. 이것이 상담의 가장 기본적인 자세인 셈입니다. 그러나 결국 자녀들은 부모의 뜻을 존중하게 되어 있습니다.

3:21, "아비들아 너희 자녀를 노엽게 하지 말지니 낙심할까 함이라"

부모는 자녀가 잘못하면 때릴 수도 있습니다. 그러나 자신의 분풀이로 자녀를 때려서는 절대 안 됩니다. 그리고 벌을 주는 것도 너무 과도하게 해서는 안 됩니다. 어떤 부모는 아이들끼리 싸운다고 한겨울에 벌거벗겨서 집 앞에 세워놓는데 그것은 그 아이의 인격을 모독

하고 노엽게 하는 행동입니다. 미국에서는 부모도 자기 아이를 때릴 수 없습니다. 그 대신 부모가 할 수 있는 것은 외출 금지(ground)입니다. 그리고 미국에서는 여성이 18세 되기 전에는 어떤 이유에서도 성관계를 가지면 안 됩니다. 그러면 법적으로 최고형을 받게 될 것입니다. 우리나라는 아직도 남성우월주의 사상이 있어서 남편이 아내를 구타하기도 하고 부모가 자녀를 때리기도 하는데, 미국에서는 어린 자녀만 차 안이나 집 안에 두고 부모가 외출해도 법에 걸리게 됩니다. 또 부모들이 자녀를 때리면 안 됩니다.

그리고 미국에서는 스쿨버스에 '스탑' 사인이 있는데 그것을 무시하고 차가 지나가면 전부 벌금을 내게 되어 있습니다. 즉 어떤 차도 서 있는 스쿨버스는 추월해서 갈 수 없습니다. 미국에서는 아이가 학교에서 사고를 치든지 싸우든지 하면 교장이 부모를 학교에 오라고 합니다. 학생들은 이것을 가장 창피하게 생각합니다. 그래서 아이 대신에 부모에게 주의를 주는 것입니다.

그리고 여기 "낙심할까 함이라"는 말은 아이의 장점을 찾아서 미래에 대한 희망을 주라는 뜻입니다. 저는 학교에서 교사들이 학생들을 때리는 것을 너무 싫어해서 저렇게 맞는 것보다는 학교를 다니지 않는 편이 더 낫겠다고 생각하기도 했습니다.

3. 종과 상전의 관계

회사에서 노사 관계는 굉장히 불편하고 어려운 문제입니다. 그래서 잘 운영되는 좋은 회사인데도 불구하고 너무 과격한 노조가 들어와서 그 회사를 망하게 하는 경우도 종종 있습니다. 또 사실 물건을 만드는 사람은 노동자인데 경영자가 투자했다고 해서 너무 많은 이익을 가져가는 것은 옳지 않다고 볼 수 있습니다. 더욱이 우리나라 최고

경영자들이 가지고 있는 재산이 수십조인 것을 보면 그런 생각이 들 수도 있습니다.

그런데 옛날에는 부자들이 돈이 생기면 공장에 투자하는 것이 아니라 노예에 투자했습니다. 노예는 일을 시킬 수도 있고 다시 팔 수도 있었기 때문입니다. 옛날에는 노예를 요즘의 중고 자동차 정도로 생각했습니다. 그래서 잘했든지 못했든지 채찍질하고 무조건 복종하게 했습니다.

> 3:22, "종들아 모든 일에 육신의 상전들에게 순종하되 사람을 기쁘게 하는 자와 같이 눈가림만 하지 말고 오직 주를 두려워하여 성실한 마음으로 하라"

사도 바울이 노예나 종의 자세부터 먼저 말하는 이유는 당시 노예 중에 기독교인들이 많았기 때문입니다. 그 당시 노예가 주인의 말에 복종하는 것은 당연했습니다. 그렇게 하지 않으면 매를 맞기 때문입니다. 그러나 크리스천 노예들은 예수를 믿음으로 자유를 알았고, 하나님의 자녀가 된 것을 알았습니다. 그러나 주인들은 노예가 교회에 가는 것을 아주 싫어했습니다. 교회에서 이상한 사상을 배울수록 더 말을 듣지 않고 대들 수 있었기 때문입니다. 그러나 사도 바울은 그리스도인이라면 믿지 않는 주인에게 엉터리로 복종하지 말고 진심으로 복종하라고 권면했습니다. 왜냐하면 아무리 악한 주인이라 하더라도 양심은 있기 때문입니다. 언젠가는 그도 깨달을 때가 있기 때문입니다.

> 3:23-24, 무슨 일을 하든지 마음을 다하여 주께 하듯 하고 사람에게 하듯 하지 말라 이는 기업의 상을 주께 받을 줄 아나니 너희는 주 그리스도를 섬기느니라"

하나님이 나를 노예되게 하신 것은 내 인격을 하나님이 시험해 보려고 한다고 생각하고 하나님 앞에서 충성하라고 권면했습니다. 사람은 당장 자기 눈으로 보지 않으면 모르지만, 하나님은 모든 것을 다 보시기 때문입니다. 그러나 주인에게 충성되게 행하는 자는 다른 종들의 시기나 모함을 받을 수도 있습니다. 그래서 내 나름대로는 열심히 일하는데 주인은 다른 사람에게서 나쁜 말을 듣고 주인의 뜻대로 하지 않는다고 생각하기 쉽습니다. 이 세상은 충성된 자들을 좋아하지 않습니다. 그러나 언젠가는 그 충성되고 신실한 행동이 드러날 때가 있습니다. 그리고 남을 모함하고 못된 짓을 하는 자는 그 악한 행동도 드러날 때가 있습니다. 주인이라고 해서 모든 것을 자기 마음대로 할 수 있는 것이 아닙니다. 나의 주인이 또 하늘에 있기 때문입니다.

하나님의 백성은 변화된 사람들입니다. 그러나 우리의 변화된 모습을 보고 사람들이 우리를 우습게 알고 함부로 대할 것이 걱정되기도 합니다. 물론 그럴 때도 많이 있을 것입니다. 그러나 하나님이 결코 무시당하지 않게 해주시고 오히려 존경받도록 해주실 것입니다.

14
늘 깨어 기도하라

골 4:1-18

만일 사람이 잠을 자지 않고 늘 깨어 있어야 한다면 그 고통은 말로 이루 표현할 수 없을 것입니다. 여성 중에서 매우 큰 고통은 갱년기가 와서 불면증으로 고통받는 것이라고 합니다. 그리고 고문 중에서도 가장 고통스러운 고문이 잠을 재우지 않는 것이라고 합니다. 그러나 잠을 자지 않고 반드시 깨어 있어야 할 사람들이 있습니다. 우선 전방에서 철책을 지키는 군인들은 보초를 서는 시간 동안 잠을 자서는 결코 안 됩니다. 왜냐하면 철책이 뚫릴 수 있기 때문입니다. 그리고 병원의 응급실 의사나 간호사는 잠을 잘 수 없습니다. 밤새도록 응급환자들이 밀려오기 때문입니다.

사도 바울은 골로새 교회를 향해서 "항상 깨어 기도하라"고 했습니다. 사람이 잠도 자지 못하고 항상 깨어서 기도만 해야 한다면 얼마나 고통스러운 일이겠습니까? 그러나 이것은 비유의 말씀입니다. 즉 세상에 빠지지 말고 신앙에 침체되지 말고 자주 성도들이 모여서 기도하라는 권면입니다.

골로새는 지금 튀르키예(터키) 중부 지방에 있는 도시였는데, 라오디게아와 히에라폴리스와 가까웠습니다. 라오디게아 교회는 요한계시록에 나오는 일곱 교회 가운데 하나인데 물질적으로는 풍족하게 살았지만, 영적으로는 너무 가난해서 벌거벗은 것과 같고, 또 눈병이 얼마나 심한지 앞을 제대로 보지 못할 정도라고 했습니다. 이것은 오늘 우리에게도 마찬가지입니다.

우리가 미래를 내다보지 못한다면 무섭고 비극적인 결과를 가져오게 되는 것입니다. 그래서 세계 일차대전 후 유럽의 젊은이들은 모두 좌절에 빠지고 미쳐버렸습니다. 그들은 온종일 술을 마시고 돌아다니면서 절망의 늪에서 허우적거렸습니다. 그때 어니스트 헤밍웨이는《태양은 다시 떠오른다》라는 책을 써서 인기를 끌었습니다. 이 작품은 유럽 젊은이들에게 미래를 제시해 주는 작품이 아닙니다. 주인공은 파리에서 술이나 마시고 여자만 만나다가 그 지겨운 생활에서 탈출하기 위하여 스페인의 투우 경기를 보러 가는 내용입니다. 결국은 술만 마시지 말고 투우 경기라도 보고 절망에서 벗어나 보자는 생각이었던 것 같습니다. 그러나 얼마 있지 않아서 다시 이차대전이 터지면서 더 많은 사람이 죽고 세계가 절망하게 됩니다.

골로새 교회는 사도 바울이 직접 전도해서 세운 교회가 아니었습니다. 사도 바울에게서 성경을 배운 사람들이 그곳에 와 전도해서 세운 교회였습니다. 그런데 골로새에 이단이 들어와서 교인들의 신앙이 죽어가기 시작했습니다. 골로새의 이단은 정체가 아주 모호한데 유대교도 믿고 그리스 신화도 믿고 미신도 믿는 모든 것이 뒤섞인 짬뽕 종교였습니다. 그러나 이런 종교가 인기가 있는 이유는 그들의 정서와 잘 맞았기 때문입니다.

우리나라에도 가장 인기를 끌었던 가르침이 예수 믿으면 복 받는다는 기복 설교였습니다. 아마 우리나라 사람들보다 복 받기를 좋아하는 사람들이 없을 것입니다. 그뿐만 아니라 한때는 귀신론이라고 해서 모든 병은 귀신이 들어와서 생기는 것이며 귀신은 죽은 자의 영혼이라고 주장하는 목사가 인기가 있었는데, 그 이유는 신약 성경에 예수님이 귀신을 쫓아내는 내용이 나오고 우리나라 토속 사상에 귀신은 죽은 사람의 혼이다는 믿음을 가지고 있었기 때문입니다. 그러나 세월이 흐르면서 그를 추종하던 자들은 이것이 엉터리라는 것을 알고는 떨어져 나가고 또 그 본인은 새벽에 어떤 젊은 여자 교인과 호텔에 있다가 사진이 찍혀서 문제가 되기도 했습니다.

참 진리가 아닌 것은 사탄의 공격을 이길 수 없습니다. 이것에 대하여 사도 바울은 모든 지식은 그리스도 안에 다 들어있고 예수와 함께 다시 살리심을 입었으면 위의 것, 즉 하나님의 것을 찾으라고 권면하고 있습니다. 예수를 아는 지식이 이단을 물리치는 백신이었던 것입니다. 오늘 우리 신앙에서도 가장 중요한 것은 예수가 하나님의 아들이시라는 말씀입니다. 이것을 모르면 아무리 예수를 믿는다고 해도 가장 중요한 구원을 받을 수 없습니다.

1. 항상 호흡하라

사도 바울은 골로새 교인들에게 그 무엇보다도 기도를 계속하라고 권면하고 있습니다. 기도는 우리 그리스도인들의 호흡이며 살아있다는 증거이기 때문입니다.

4:2, "기도를 계속하고 기도에 감사함으로 깨어 있으라"

우리 인간은 숨을 쉬지 않으면 살 수 없습니다. 그래서 의사는 숨을 쉬지 않는 환자에게 심폐소생술을 써서 가슴을 일정한 간격으로 누릅니다. 그래도 숨을 쉬지 않으면 전기 충격을 가해서라도 숨을 쉬게 해야 합니다. 그런데도 우리 주위에는 심근경색이나 심정지로 돌아가시는 분들이 많이 있습니다. 이분들이 돌아가시는 이유를 살펴보면, 평소에 조금씩 막혔던 심혈관을 내버려두었다든지 아니면 스트레스나 쇼크로 갑자기 심기능이 정지되면서 돌연사를 하게 되는 것입니다. 이 세상은 눈에 보이지 않는 병균이 우리를 노리고 있듯이 사탄의 독기가 온 세상에 퍼져 있습니다. 그래서 우리가 숨을 제대로 쉬지 않으면 안 됩니다. 우리가 숨을 쉬지 않는 동안 나쁜 가스나 병균이 들어와서 병에 걸리든지 폐를 망가트려서 죽게 만듭니다. 그래서 우리는 의도적으로 숨을 쉬어야 합니다. 여기서 숨을 쉰다는 것은 물론 개인적으로 기도도 쉬지 말고 해야 하지만, 또한 교인들이 한자리에 모여서 함께 기도하는 것을 의미합니다. 우리가 함께 모여서 기도할 때 우리 안에 예수님이 함께 계셔서 우리의 미래를 인도하실 것입니다.

옛날 갈릴리 사람들이나 세상 사람들은 예수님이 오시기 전까지 어둠 속에 살았고 죽음의 그림자가 그들을 덮고 있었습니다. 한마디로 그들은 모두 스스로 호흡하지 못하고 인공호흡을 하는 자들이었습니다. 이들은 호흡기만 떼면 다 죽는 사람들이었습니다. 그러나 예수님이 이 세상에 사람으로 오셔서 죽었다가 부활하심으로 사망을 이기는 능력을 가지시사 우리 모든 믿는 자들을 그 사망의 어둠에서 끌어내어 새 생명의 호흡으로 숨 쉬게 하셨습니다. 그래서 우리는 모두 스스로 숨을 쉬고 눈을 뜨고 말도 할 수 있는 사람이 되었습니다. 얼마나 감사한 일입니까? 그래서 예수님과 함께 다시 살리심을 받은 우리는 일부러 죽으려고 할 필요가 없습니다.

사도 바울은 "기도에 감사함으로 깨어 있으라"고 했습니다. 우리가 숨을 쉬면서 생각해보니까 감사한 것이 너무나도 많습니다. 우선 우리가 살아난 것이 감사하고, 또 하나님을 아는 것이 감사합니다. 우리는 조금 있으면 완치되어서 다시 새로운 사회생활을 할 것입니다. 이렇게 우리가 살아있다는 것이 얼마나 감사한 일입니까? 그래서 감사함으로 깨어 있으라고 했습니다. 이 세상의 악한 사탄과 그 영들이 우리를 시기해서 틈만 나면 우리에게 침투해서 숨을 쉬지 못하게 질식시킬 수 있기 때문에 깨어 있으라고 한 것입니다.

그래서 우리는 이제는 더 이상 잠을 자면 안 됩니다. 여기서 잠을 잔다는 것은 하나님의 말씀을 잊어버리고 정신없이 세상에 빠지는 것을 말합니다. 우리는 항상 정신을 차리고 깨어 있어서 병균이 있는 더러운 공기를 마시지 않도록 주의해야 합니다. 옛날에 우물이나 갱을 파는 사람들에게는 땅에서 나오는 메탄가스가 무섭고 위험했습니다. 메탄가스에 중독되면 자기도 모르는 사이에 죽기 때문입니다. 그래서 사람들은 새장에 있는 카나리아를 넣어서 우물이나 갱을 팠습니다. 만일 작업하는 중에 카나리아가 울지 않으면 메탄가스가 나와서 카나리아가 죽은 것이고 그때 즉시 그곳을 탈출하지 못하면 죽게 되는 것입니다.

그런데 우리에게는 '감사' 가 바로 카나리아입니다. 우리의 입에서 감사가 나오지 않고 저주와 미움의 말이 나오면 그는 죽음의 가스에 중독되어 죽어가고 있는 것입니다. 그러나 본인은 그것을 모르고 항상 화를 내고 불평하며 부정적인 이야기를 하는 사람이 있습니다. 그런 사람은 빨리 생각을 바꾸지 않으면 영생을 잃어버리게 됩니다.

2. 전도의 문이 열리는 기도

사도 바울은 골로새 교인들에게 하나님의 말씀을 전하는 "우리를 위하여 기도" 해 달라고 부탁하고 있습니다.

> 4:3, "또한 우리를 위하여 기도하되 하나님이 전도할 문을 우리에게 열어 주사 그리스도의 비밀을 말하게 하시기를 구하라 내가 이 일 때문에 매임을 당하였노라"

우리가 생각하기에는 사도 바울이 골로새 교인들보다 기도를 많이 하고 또 기도의 능력도 강할 텐데, 왜 자기들을 위하여 기도해 달라고 부탁할까요? 그 이유는 누구든지 믿는 사람은 기도할 수 있기 때문입니다. 더욱이 하나님의 일은 기도 없이는 되지 않습니다. 사탄이 끈질기게 달라붙어서 하나님의 능력이 임하지 못하게 하고 사람들의 마음이 열리지 못하게 막기 때문입니다. 예수 믿는 사람들이 기도해서 부흥이 일어나려고 하면 사탄은 찬물을 부어서 그 불이 꺼지게 만듭니다. 그래서 기도하지 않고 회의만 많이 하는 교회는 분위기 자체가 싸늘합니다. 그 이유는 부흥의 불이 꺼져버렸기 때문입니다.

우리가 하나님의 말씀을 들으면 기도하고 싶은 간절한 마음이 생깁니다. 하나님의 말씀은 우리 안에 불을 일으키기 때문입니다. 그러나 인간의 야망과 욕심은 이런 부흥의 불을 꺼트려 버립니다. 예수님을 높이지 않고 자기 자신을 높이려고 하나님의 일을 하기 때문입니다. 설교하는 데도 절반을 자기 자랑으로 하고 나머지는 세상 이야기로 때우는 사람이 있습니다. 그 교회는 유명하고 설교는 재미있을지 모르지만 죽은 교회인 것입니다.

사도 바울은 "전도할 문"을 열어주도록 기도해 달라고 했습니다. 결국 전도의 문이라는 것은 설교의 문이고, 듣는 사람들의 마음의 문입니다. 하나님의 성령이 역사하시면 설교자의 영이 하나님에 의해 붙들리게 되고 그의 설교에 불이 붙게 됩니다. 그와 동시에 설교 듣는 사람들의 마음도 활짝 열리게 됩니다. 그래서 하나님의 말씀이 불과 함께 백 퍼센트 설교를 듣는 사람들의 마음에 몰려 들어가게 되는 것입니다. 그러나 성령이 역사하시지 않으면 설교하는 사람이 아무리 애를 써도 땀만 나고 전혀 설교에 능력이 나타나지 않습니다. 그리고 듣는 사람들의 마음도 완강하게 닫혀 있어서 모든 말씀이 다 튀어나오고 마는 것입니다.

그래서 설교 시간은 전쟁과 같습니다. 설교자는 하나님의 말씀에 붙들려서 교인들의 마음을 파고들려고 하는데, 교인들은 하나님의 말씀을 들으면 죄가 생각나니까 마음의 문을 완강하게 닫습니다. 그런데 성령이 강하게 역사하시면 모든 사람이 하나님의 말씀에 굴복하게 됩니다. 그래서 말씀 하나하나에 눈물을 흘리고 감동하면서 그 말씀을 받아들이는 것입니다.

사도 바울은 복음을 "그리스도의 비밀"이라고 했습니다. 우리나라에도 아주 중요한 사람만이 보고 들을 수 있는 일급비밀이 있습니다. 미국의 FBI 같은 경우에는 'Top Secret' 이라고 도장이 찍혀 있는 문서는 허가가 나지 않은 사람은 볼 수 없습니다. 대개 나라의 군사 계획이나 장차 시행하려는 국가 정보들은 적들이 알면 반드시 방해하기 때문에 특급 비밀입니다.

하나님의 아들이 이 세상에 오신 것은 특특급 비밀입니다. 그가 평범한 사람이 되신 것도 특특급 비밀입니다. 그가 죽었다가 살아나신 것도 특특급 비밀입니다. 사람들은 이 비밀을 머리로는 믿을 수가 없었습니다. 그러나 하나님께서는 이 비밀을 우리에게 선포할 수 있는 특권을 주셨습니다. 누구든지 이 비밀을 믿으면 영생을 얻지만 이 비밀을 믿지 않는 자는 구원을 얻지 못합니다. 사도 바울은 이 비밀 때문에 로마 감옥에 갇혀 있다고 말하고 있습니다. 왜냐하면 사탄이 이 비밀을 전하는 자를 죽이고 싶어 하기 때문입니다. 이 복음이 전파되면 마귀는 망합니다.

그러나 중요한 것은 전도도 때가 있다는 사실입니다. 전도의 문이 열릴 때는 엄청난 사람들이 교회로 몰려오게 됩니다. 이때는 마치 물때를 만난 것과 같이 그물을 던지기만 하면 물고기가 가득 잡히게 됩니다. 그러나 전도의 때가 지나가면 전도가 전혀 되지 않습니다. 그래서 사도 바울은 때를 얻든지 못 얻든지 복음을 전하라고 당부했습니다(딤후 4:2). 세상에서 복음을 부끄러워하는 자는 예수님도 천사들 앞에서 그 사람을 부끄러워하겠다고 말씀하셨습니다(막 8:38).

저는 대학생 때 버스를 탔는데 제가 서서 앞에 앉아 있던 어떤 아저씨에게 예수를 믿으라고 전도했습니다. 그분은 아직 자기는 종교를 믿지 않지만 대학생이 이렇게 용기 있게 전하는 것을 보니까 마음이 기쁘다고 했습니다. 저는 사창가를 가서 전도도 했고 공장에 가서 전도도 했습니다. 대학교에서는 정말 많은 대학생이 마룻바닥에 앉아서 제 설교를 들었습니다. 그러나 그런 복음 전하는 호황기는 이제 지나간 것 같습니다. 우리나라 젊은이들이 정신없이 세월을 보내기 때문입니다. 오로지 취업이 삶의 목표가 되어버린 것입니다.

3. 소금의 맛을 내라

우리는 어떤 사람이 너무 말도 안 되는 소리를 하면 "저 사람은 참 싱거운 사람이다"라고 평가하게 됩니다. 그러나 어떤 사람이 논리에 맞는 이야기를 하고 그의 말 중에 한마디도 틀리거나 쓸데없는 말을 하지 않는다면 "저 사람은 정말 똑 부러진다"라고 말할 것입니다.

이 세상 사람들의 이야기는 마치 물에 물 탄 것처럼 의미 없이 시간을 보내기 위해서 말을 가지고 희롱하는 경우가 많습니다. 시인들도 그냥 시를 쓴다고 다 시가 되는 것이 아니라 맛이 나는 시를 쓰는 사람이 있습니다. 옛날 시들은 모두 색깔이 있는 언어들이었습니다.

마찬가지로 우리 그리스도인들의 이야기에는 멋이 있어야 합니다.

> 4:6, "너희 말을 항상 은혜 가운데서 소금으로 맛을 냄과 같이 하라 그리하면 각 사람에게 마땅히 대답할 것을 알리라"

우리가 그냥 고기만 구워 먹는다면 제대로 된 맛을 느끼지 못할 것입니다. 그러나 그 고기를 소금에 찍어 먹으면 아주 맛있게 먹을 수 있습니다. 그래서 그리스도인들은 말을 아껴야 합니다. 쓸데없는 것을 가지고 자꾸 이야기하면 맛을 잃어버리게 됩니다. 그러므로 예수 믿지 않는 사람들과는 할 수 있으면 쓸데없는 논쟁이나 이야기를 하지 말아야 합니다.

4:5, "외인에게 대해서는 지혜로 행하여 세월을 아끼라"

우리에게는 너무 시간이 없습니다. 우리는 하나님의 말씀을 알기에도 너무 시간이 없습니다. 우리가 무엇을 알려고 하면 어느덧 늙어 있고 심지어는 나이가 너무 들어서 하나님께 가야 할 때가 다 된 것입니다. 만약 우리가 죽어서 주님 앞에 갔을 때 주님이 우리에게 "너는 세상에서 뭐 하다가 왔느냐?"라고 묻는다면 무엇이라고 대답하겠습니까? 우리는 담대하게 "복음 전하다 왔습니다!", "주님의 말씀을 읽다가 왔습니다!", "저는 부흥을 위해서 기도를 한 번도 빠지지 않았습니다!"라고 대답해야 착하고 충성된 종이라는 칭찬을 받을 것입니다. 그래서 교회 안에서도 쓸데없는 논쟁이나 농담이나 남의 말은 하지 말아야 우리의 말에 맛이 생기게 됩니다. 각 사람마다 필요한 말이 다르기 때문입니다.

4. 마지막 인사

사도 바울은 7절 이하에서 이제 서신의 막바지 끝 인사를 하고 있습니다. 특히 골로새 교인들에게 중요한 주의 종들과 인사하라고 했습니다. 두기고는 "신실한 일꾼이요 주 안에서 함께 종이 된 자"라고 했습니다(7절). 사도 바울과 함께 했던 이들은 절대로 주인인 척하지 않았습니다. 사도 바울은 감옥 안의 사정은 두기고가 다 말해줄 것이라고 했습니다. 오네시모도 함께 보내는데 이 사람은 가장 많이 변화된 사람이었습니다(9절). 그는 노예였고 도둑이었지만 신실하고 사랑받는 형제가 되었습니다. 아리스다고와 바나바의 생질 마가가 갈 것이니까 영접하라고 했습니다(10절). 아리스다고는 일부러 바울과 함께 감옥에 갇힌 자가 되어서 바울을 도왔습니다. 마가는 그때 이미 중요한 사람이 되어 있었습니다. 유스도라 하는 예수는 진짜 할례파였습니다(11절). 원래 할례는 혈기를 자르는 것이었습니다. 그는 혈기가 없었고 화낼 줄 몰랐습니다. 또 골로새 교인들은 사도 바울에게 에바브라를 보내었습니다(12절). 에바브라는 골로새 교인들을 위하여 애써 기도하는 사람이었습니다. 그는 교인들이 하나님의 뜻 안에서 흔들리지 않고 완전하고 확신 있게 서 있기를 기도했습니다.

지금은 모든 기초가 흔들리는 때입니다. 그러나 우리 믿음의 뿌리는 흔들려서는 안 됩니다. 사랑을 받는 의사 누가가 문안한다고 했습니다(14절). 누가는 누가복음과 사도행전을 쓴 저자입니다. 이 의사 누가가 없었더라면 우리는 초대 교회의 역사에 대하여 아무것도 알지 못했을 것입니다. 골로새와 라오디게아와 히에라폴리스는 모두 가까운 도시였습니다. 그래서 서로 문안하고 특히 라오디게아 교회에 편지를 보내었는데, 그 편지 사본이 오면 함께 읽으라고 했습니다(16절). 그러나 라오디게아서는 현재 남아 있지 않습니다. 사도 바울은 라오디게아에 있는 형제들과 눔바와 그 여자의 집에서 모이는 교회에도 문안하라고 했습니다(15절). 그리고 아킵보는 사명을 받고는 흔들리고 있었고 사역을 중단하고 있었던 것 같습니다. 그래서 받은 사명을 끝까지 이루라고 권면하고 있습니다(17절). 우리가 주 안에서 받은 직분은 완성해야 합니다.

골로새서의 주제는 예수를 아는 지식입니다. 이 세상에서 가장 위대한 지식이 예수를 아는 지식입니다. 우리가 이 지식을 갖춤으로 주 안에서 부끄러움이 없는 교인들이 다 되시기 바랍니다.